改革开放进程中的经济学家学术自传

张卓元　高培勇　主编

刘诗白学术自传

刘诗白◎著

ACADEMIC AUTOBIOGRAPHY OF LIU SHIBAI

SPM
南方出版传媒
广东经济出版社
·广州·

图书在版编目（CIP）数据

刘诗白学术自传 / 刘诗白著. —广州：广东经济出版社，2020.3（2021.6重印）
（改革开放进程中的经济学家学术自传）
ISBN 978-7-5454-7187-8

Ⅰ. ①刘…　Ⅱ. ①刘…　Ⅲ. ①经济学—文集　Ⅳ. ①F0-53

中国版本图书馆CIP数据核字（2020）第024549号

出 版 人：李　鹏
责任编辑：张韵婷　赵巧叶
责任技编：陆俊帆

刘诗白学术自传
LIU SHIBAI XUESHU ZIZHUAN
刘诗白　著

出版发行	广东经济出版社（广州市环市东路水荫路11号11-12楼）
经销	全国新华书店
印刷	广东鹏腾宇文化创新有限公司 （珠海市高新区唐家湾镇科技九路88号10栋）
开本	730毫米×1000毫米　1/16
印张	14.5
字数	151千字
版次	2020年3月第1版
印次	2021年6月第2次
书号	ISBN978-7-5454-7187-8
定价	98.00元

广东经济出版社网址：http://www.gebook.com　微博：http://e.weibo.com/gebook
图书营销中心地址：广州市环市东路水荫路11号11楼
电话：（020）87393830　邮政编码：510075
如发现印装质量问题，影响阅读，请与承印厂联系调换
广东经济出版社常年法律顾问：胡志海律师

《改革开放进程中的经济学家学术自传》丛书

编辑委员会

《改革开放进程中的经济学家学术自传》丛书分册名录

（按姓氏音序排列）

1.《白重恩学术自传》
2.《蔡昉学术自传》
3.《常修泽学术自传》
4.《陈东琪学术自传》
5.《陈锡文学术自传》
6.《迟福林学术自传》
7.《樊纲学术自传》
8.《范恒山学术自传》
9.《房维中学术自传》
10.《高培勇学术自传》
11.《高尚全学术自传》
12.《郭克莎学术自传》
13.《洪银兴学术自传》
14.《黄达学术自传》
15.《黄群慧学术自传》
16.《贾康学术自传》
17.《江小涓学术自传》
18.《金碚学术自传》
19.《李实学术自传》
20.《李晓西学术自传》
21.《厉以宁学术自传》
22.《林兆木学术自传》
23.《刘诗白学术自传》
24.《刘世锦学术自传》
25.《刘树成学术自传》
26.《刘伟学术自传》
27.《马建堂学术自传》
28.《彭森学术自传》
29.《宋晓梧学术自传》
30.《田国强学术自传》
31.《王梦奎学术自传》
32.《王一鸣学术自传》
33.《魏杰学术自传》
34.《魏礼群学术自传》
35.《乌家培学术自传》
36.《吴敬琏学术自传》
37.《杨瑞龙学术自传》
38.《张军学术自传》
39.《张军扩学术自传》
40.《张晓山学术自传》
41.《张燕生学术自传》
42.《张宇燕学术自传》
43.《张卓元学术自传》
44.《赵人伟学术自传》
45.《郑新立学术自传》
46.《周叔莲学术自传》

总　序

Preface

盛世出华章。中国的改革开放是一场波澜壮阔、前无古人的伟大社会变革，也将是世界经济发展史上的瑰丽篇章。中国经济学家在这场伟大变革中，或贡献了智力，或参与了实践，无论是参政建言还是学术构建，均厥功甚伟。

在我们先后迎来改革开放40周年和中华人民共和国成立70周年之际，为了记录并彰显中国经济学家的历史贡献，为中国特色社会主义事业进一步发挥智慧的力量和作用，同时借以勉励后学筑梦前行，我们组织并编辑了这套《改革开放进程中的经济学家学术自传》丛书。

这套丛书的出版设想，最初由广东经济出版社提出。在此之前，得力于中国社会科学院经济研究所张卓元教授等的大力支持，该社曾于2009年编辑出版《影响新中国60年经济建设的100位经济学家》丛书。那套丛书产生了良好的社会反响，也获得了较高的学术评价。弹指一挥间，又是一个十年，共和国迎来了70华诞，改革开放也逾40周年。在这样一个特殊的背景下，广东经济出版社邀请张卓元教授和高培勇教授领衔，由《经济研究》编辑部具体负责，组织、编辑一套集中反映改革开放进程中的经济学家学术探索和心路历程的丛书。

认识到这是一件颇具眼光、很有意义的事情，于是，便有了读者眼前这套《改革开放进程中的经济学家学术自传》丛书编辑出版工作的启动。

中国经济改革与发展的伟大实践，为中国经济学家的成长提供了肥沃的土壤。要从这些灿若繁星的经济学家中推选出大家比较公认的富有影响力的经济学家，并不容易。怎样推选？推选多少？具体标准是什么？如何约稿？丛书的体例又该如何把握？这一系列相关问题接二连三地提至我们面前。

为此，在初步拟订编辑出版方案的基础上，由张卓元教授和高培勇教授主持，邀请部分专家召开了小范围的论证会议，就组建丛书编辑委员会以及丛书编辑出版的一系列相关问题听取意见，进一步完善方案。

紧跟着，2017年6月25日，丛书编辑委员会会议在北京举行。出席会议的委员共有19位（按姓氏音序排列）：白重恩、常修泽、陈东琪、陈锡文、迟福林、高培勇、郭克莎、黄群慧、金碚、李晓西、刘伟、彭森、宋晓梧、田国强、魏礼群、吴敬琏、张军扩、张燕生、张卓元。因故请假、提供书面意见的委员有10位（按姓氏音序排列）：蔡昉、曹远征、贾康、李实、李扬、厉以宁、林毅夫、刘世锦、钱颖一、张军。

这次编辑委员会会议就如下一些重要问题形成了高度共识：

第一，关于丛书的意义。委员们高度认可丛书的编辑出版工作，认为这是一项富有重要历史和现实意义的出版工程。

第二，关于丛书入选者的标准和数量。委员们认为应本着宁缺毋滥、质量为先原则，以对改革开放事业的某个特定领域做出实质性贡献或产生实质性影响的经济学家为重点，入选者宜掌握在60位左右。

第三，关于丛书的体例。基于凸显学术价值和史料价值的考虑，委员们认为学术自传宜涵盖作者的学术成长历程、作者对改革开放事业某个特定领域的研究成果和学术贡献、作者对特定领域改革前景的展望等方面内容。

第四，关于丛书的读者对象。委员们认为应主要面向青年学者以及学生，谈人生经验、述理想情怀，激励广大青年学者和学生确立奋斗的目标、发展的方向和成功的路径。

第五，关于丛书的文风。委员们主张学术自传应具有较强的理论性、学术性，同时文笔流畅、深入浅出，具有一定的可读性。

在经过充分讨论形成的候选经济学家名单基础上，与会委员按照获得半数以上多数票入选的规则，以无记名投票方式表决确定了65位入选者。

会议还决定，请因故请假的委员继续对候选经济学家名单通讯投票，并根据此项流程的统计结果，提请全体编辑委员会委员再进行一次通讯评审，最终确定丛书入选者为68位。

由此产生的《改革开放进程中的经济学家学术自传》丛书入选作者为（按姓氏音序排列）：白重恩、蔡昉、曹远征、常修泽、陈东琪、陈清泰、陈锡文、迟福林、樊纲、范恒山、房维中、高培勇、高尚全、郭克莎、郭树清、韩俊、洪银兴、华生、黄达、黄群慧、贾康、江小涓、金碚、李剑阁、李京文、李实、李晓西、李扬、厉以宁、林毅夫、林兆木、刘国光、刘鹤、刘诗白、刘世锦、刘树成、刘伟、隆国强、楼继伟、马建堂、彭森、钱颖一、宋晓梧、田国强、王梦奎、王一鸣、魏杰、魏礼群、乌家培、吴敬琏、吴晓灵、杨启先、杨瑞龙、易纲、余永定、张军、张军扩、张维迎、张晓山、张燕生、张宇燕、张卓元、赵人伟、郑新立、周其仁、周叔莲、周小川、朱玲。

在确定入选者名单之后，《经济研究》编辑部立即展开了组稿工作，共有46位入选者接受约稿。在这一过程中，入选的经济学家或其家属、秘书、好友等，对我们的工作给予了热情的支持，在百忙之中积极准备所需要的文献，其认真精神令人感动。应该说，没有他们的积极响应和大力支持，这套丛书是难以按时按质完成的。

由于入选的经济学家大多是名人、忙人，有一部分老作者也已年届九十高龄，约稿的工作量及其难度可想而知。一些作者提出暂不能写作，这多少令我们感到些许遗憾。其间也有许多感人的情景要告诉读者们：常修泽先生于2018年夏天在吉林延边的一个小镇闭门两三个月专事自传写作，在整个写作过程中数十次与编辑部和出版社沟通，包括内容完善、结构设计和一些合理性建议等诸多细节，并且在约定期限内交稿给编辑部；九十五岁高龄的黄达教授在写作过程中十余次通过电话或电子邮件与编辑部讨论写作重点和风格；乌家培、林兆木、王梦奎等老先生也是不厌其烦，反复就文字沟通润色；周叔莲先生在去世前一周还给编辑部打电话，告诉编辑自己已经基本完成了书稿的写作，并详细介绍了自己的写作过程和感想，我们至今忆此仍为之动容。在这些难得的沟通中，我们一次次被感动。

随着此套丛书的陆续编辑出版，我们越来越强烈地体会到了这项工作的意义和价值:

入选这套丛书的作者，系改革开放进程中的经济学家，他们的知名度较高，社会影响较大。这套自传体丛书，是对他们的代表性研究成果、学术贡献、成长历程及人格魅力的一个集中展示。对于广大读者特别是青年学子来说，这无疑是一个难得的学习、了解我国经济理论和现实问题的机会。

这些经济学家在各自的学术领域都是佼佼者或领军者，他们学术素养深厚、学术成就卓越。他们在自传中大多以第一人称娓娓道来，讲述了自己的家国情怀与学术成长经历，为记录我国改革开放历程留下了第一手资料。从经济史和思想史的角度看，这应该是非常有史料价值的研究文献。

众多大家的纸上风华，既映射出中国改革开放40多年取得的巨大成就，也是对中国改革与发展经验比较系统的总结。正如习近平总书记所指出的:“从我国改革发展的实践中挖掘新材料、发现新问题、提出新观点、构建新理论，加强对改革开放和社会主义现代化建设实践经验的系统总结，加强对发展社会主义市场经济、民主政治、先进文化、和谐社会、生态文明以及党的执政能力建设等领域的分析研究，加强对党中央治国理政新理念新思想新战略的研究阐释，提炼出有学理性的新理论，概括出有规律性的新实践。这是构建中国特色哲学社会科学的着力点、着重点。”应该说，本套丛书的作者们用生动而精彩的人生与学术追求，践行了这一重要要求。

这套丛书的编辑出版与《经济研究》编辑部各位同仁的努力也是分不开的。他们通过电话、短信和邮件等方式不断地与作者或其家人、秘书等进行沟通。参加组稿和审稿工作的人员有:郑红亮、刘霞辉、张永山、唐寿宁、王利娜、谢谦、金成武、孙三百、陈小亮、欧宏、王红梅、刘莹、曹帅。

广东经济出版社的领导和编辑在本丛书的出版过程中也做了大量的工作，正是有了他们的努力，这套丛书才能得以顺利与读者见面。

特别值得一提的是，这样一套组织工作浩繁的大型丛书，见证了《经济研究》编辑部与广东经济出版社值得称道的团队合作精神。编辑部的张永山、王红梅同志和广东经济出版社的编辑团队从始至终为丛书的组织沟通、约稿、文稿整理付出了大量的心血，他们的耐心和一丝不苟的敬业精神令人称道。

这套丛书就此付梓了，回望中国改革开放的辉煌岁月，携手丛书作者对祖国的拳拳心路与期待，我们略感欣慰！但由于时间仓促，加之我们的水平有限，书中的不足和错误之处在所难免，敬请广大读者批评指正。

《改革开放进程中的经济学家学术自传》丛书编辑委员会

2019年10月

作者简介

刘诗白

1925年5月生，重庆万州（原称万县）人。

主要经历：1946年本科毕业于武汉大学经济系；1946—1961年，任四川大学、四川财经学院经济系助教、讲师；1961—1981年，任四川财经学院副教授，其中1977—1979年被借调至中国社会科学院经济研究所，参加许涤新主编的我国第一部《政治经济学辞典》编审工作；1981—1985年，任四川财经学院教授、经济系主任、副院长，1985年任博士生导师；1985—1990年，任西南财经大学校长；1991年至今，任西南财经大学名誉校长。

主要社会兼职：第七届全国人民代表大会代表（1988—1992年），第八届全国政协委员、常委（1993—1997年），四川省政协副主席（1993—1997年）。曾任四川省社会科学联合会主席，四川省社会科学学术基金会理事长，全国高等财经院校《资本论》研究会会长等。现兼任《经济学家》杂志主编，四川省社会科学联合会名誉主席，全国高等财经院校《资本论》研究会名誉会长等。长期担任四川省科技顾问团成员、顾问，积极参与四川省经济体制改革活动。

主要研究领域：致力于马克思主义政治经济学的理论探索。主要从事资本论、政治经济学基本理论、社会主义市场经济、社会主义所有制、产权理论与国有企业产权制度改革、宏观经济运行、科技创新与高科技经济等重大问题研究。

获奖和荣誉：曾获孙冶方经济科学奖（1990年），吴玉章奖（1992年），教育部第五届高等学校科学研究优秀成果奖（人文社科）二等奖（2009年），四川省哲学社会科学优秀成果一等奖（1983年、1986年、1994年、2005年），中央纪念党的十一届三中全会三十周年论文奖（2008年），国家社会科学基金优秀成果奖（1999年），中宣部经济理论“五个一工程”奖（1988年），中宣部纪念改革开放十周年论文奖（1988年），第六届吴玉章人文社会科学终身成就奖（2017年）等。曾先后荣膺“影响新中国60年经济建设的100位经济学家”称号、“影响四川改革开放30周年”十大最具标示性“风云人物”称号、“2011成都全球影响力人物”称号。2017年获得“四川省社会科学杰出贡献专家”称号。

刘诗白学术自传

目录

壹

我的学术研究历程

一 学生时代研究兴趣的产生

我于1925年出生于重庆市万州一个教育世家。父亲曾任中学校长、四川法政专科学校校长，是一位崇尚民主的爱国知识分子，热衷于哲学、文史研究，博览群书。我的母亲则工于诗词歌赋，造诣不俗。书香门第浓郁的文化熏陶，使我从小就热爱上了文学和社会科学。

我的学生时代，正值旧中国外受帝国主义列强掠夺，内遭新旧军阀和专制政府横征暴敛，人民群众处于水深火热的灾难境地时期。1937年，日本侵略军大举进攻上海，“八·一三”事变后，我随家人从上海逃亡到重庆，一路上，耳闻目睹侵略者的野蛮暴行，在幼小的心灵中萌生出救国兴邦的最初愿望。

在重庆读中学时，风起云涌的抗日救亡运动和国统区红色革命文化的传播，对我影响极大。我读了高尔基的《母亲》、托尔斯泰的《战争与和平》、鲁迅的《呐喊》《彷徨》、郭沫若的《女神》《星空》，以及茅盾、夏衍等革命作家的大批文艺作品。当时的重庆虽地处抗战后方，但并非世外桃源。日本侵略军的飞机不时狂轰滥炸，山城弹痕累累，几乎每天“跑警报”。尽管如此，我依然开始阅读马克思主义哲学、政治经济学方面的著作，如由郭大力和王亚南译、三联书店出版的马克思的《资本论》第一卷，恩格斯的《家庭、私有财产和国家的起源》和列宁的《帝国主义论》，以及国内进步学者艾思奇、钱俊瑞等写的许多启蒙读物。《资本论》成为我步入经济学殿堂的向导。

1942年，我中学毕业考入武汉大学经济系。当时著名的教育家王星拱担任武汉大学校长，这位崇尚科学的爱国知识分子实行民主办学，使武汉大学名流荟萃、学术风气浓厚。如经济系聘有“左派”教授彭迪先、杨东莼，著名经济学者杨端六、刘秉麟，美学家朱光潜、哲学教授张颐等也在武汉大学任教。我在彭迪先教授指导下深入地研读马克思的《资本论》，彭迪先教授还将他珍藏的《资本论》德文原著三卷相赠。此外，我还阅读了亚当·斯密的《国民财富的性质和原因的研究》（又名《国富论》）、大卫·李嘉图的《政治经济学及赋税原理》和马歇尔的《经济学原理》等大批西方经济学原著。我在武汉大学还结识了许多进步人士和学生，参加了由中共南方局领导的进步学生组织——“文谈社”，并参与了进步学生运动。武汉大学在抗战时期迁到四川乐山，彭迪先、杨东莼等一大批进步教授在讲坛和各种论坛上宣传革命理论，抨击国民党反动统治。我当时在学习《资本论》的过程中遇到许多疑难问题，经常向彭迪先教授请教，从他那里获得了很多的教益，并萌生了从事马克思主义经济学研究的兴趣。

二 走上科学研究之路

1946年，我从武汉大学毕业。应彭迪先教授之邀，受聘于四川大学，任经济系助教、讲师，开始从事经济理论教学与研究，正式走上了科学研究之路。1947年，我翻译了英国马克思主义经济学家莫里斯·多布（M. Dobb）所著《资本主义发展之研究》一书。这是一部用马克思主义观点研究资本主义的起源的名著，多布曾亲自为之作序。我将译稿寄给三联书店，当时三联书店已经迁往广州，后来因为战乱，只打出清样，书稿没有正式出版。1948年，我参加了革命群众反对成都军阀王陵基镇压学生运动的示威游行。1949年春，成都笼罩在一片“白色恐怖”中，我参加了地下进步青年组织“职业青年联合会”。1949年3月，我加入了中国民主同盟，进行争取民主和迎接解放的革命活动。

1949年，中华人民共和国成立。1951年，彭迪先教授由四川大学调成华大学任校长并受命筹建四川财经学院，我亦追随他由四川大学调到成华大学。1952年10月11日，高教部贯彻国家关于对“政法、财经各院系采取适当集中、大力整合、加强和改造师资，为今后发展创造条件”的方针，以成华大学为校址，将重庆大学、华西大学、贵州大学等综合大学的经济、管理类系科和成华大学、重庆财经学院等17所院校的经济、管理类系科合并组建四川财经学院，1985年更名为西南财经大学。迄今为止，我已在这个学校工作了68年。

20世纪50年代初期，我主要讲授政治经济学、外国经济史和当代资产阶级经济学说等课程，主要研究当代资本主义经济和社会主义经济问题。1958年以后，我的研究重心主要集中于社会主义经济理论问题，撰写了有关实行按劳分配、发展商品生产、重视价值规律、发展农村家庭副业以及有关政治经济学研究对象、社会主义经济效果等问题的一系列文章。这些最初的探索，为我日后研究社会主义经济理论和体制改革奠定了基础。这一时期我还深入四川农村，进行调查研究，撰写了许多调查报告。

在“文化大革命”中，我多年来从事教学科研的讲稿、笔记，花费了许多心血写成的近20万字的《当代资本主义经济危机》书稿及其他书籍被抄走丢失。虽历经折磨，但我并未气馁。

中华人民共和国成立以来至改革开放以前的近30年间，我国社会主义革命和建设取得了优异的成绩，但也历经坎坷，政治斗争风风雨雨，“十年内乱”狂潮急浪，使理论研究成为政策的解说和注释。我曾经自嘲“在20世纪50年代就写了不少这样的只能放在抽屉内由老鼠的牙齿批判的作品”，但我的不少作品，包括“文化大革命”前的一些作品，应该说还是有积极意义的。

例如早在1961年，我就在《经济研究》上发表了论文《论马克思列宁政治经济学的对象》，倡导拓宽政治经济学研究范围。这一理论观点引起了国内外经济学理论界的关注。1962年我在《江汉学刊》上发表的《关于社会主义经济效果》一文，从理论上较完整地阐述了讲求经济效果的重要意义。作为当时学术论坛上的活跃分子，1964年我被邀请参加了中共中央召开的全国哲学社会科学学部扩大会议，成为与会经济学家中最年轻的代表。在这次会议上，来自西南地区的我得以与孙冶方、王亚南等经济学先辈同组讨论，深受他们的启发。

三 改革开放中的学术研究

党的十一届三中全会奏响了思想大解放的号角，我国迎来了经济体制改革和经济理论创新的新时期，我个人也迎来了攀登学术高峰的春天。改革开放以来，我一直致力于社会主义经济理论研究，在社会主义社会所有制理论、社会主义商品经济与市场经济理论、社会主义产权理论、体制转轨和发展、国有企业市场化改革、金融体制改革及现代财富理论乃至哲学等诸多领域进行了大量富有成效的研究，提出了不少理论观点，并逐步形成了一整套逻辑比较自洽、结构比较完整、能够自成一体的理论框架和体系。

1977—1979年，我被借调到中国社会科学院经济研究所工作，参加许涤新主编的我国第一部《政治经济学辞典》的编审工作。此后我还参加了《中国大百科全书·经济学卷》的编写工作，担任社会主义部分副主编，并参加了《〈资本论〉辞典》等的编写工作。

党的十一届三中全会以来，我发表的第一篇文章是1979年2月的《论发展社会主义商品经济与利用市场》。该文把社会主义经济的属性规定为社会主义商品经济，突破了计划经济是社会主义本质特征的传统观念。这种提法在当时的理论环境下实属不易。1979年4月，中国社会科学院经济研究所在无锡举行关于价值规律作用问题的讨论会。我在提交的《试论社会主义计划管理与利用市场机制》一文中，提出了社会主义市场经济的概念并加以论述。

改革开放之初我就开始思索如何调整和完善所有制结构，寻找公有制新的实现形式。我发表在《经济研究》1979年第2期上的《试论经济改革与社会主义全民所有制的完善》一文，提出了国有企业“全民所有”应该是“不完全的”新观点，从理论上阐明了把统负盈亏的传统国有企业改造为自负盈亏的市场主体的必然性和合理性。1981年，中国社会科学院经济研究所在成都召开的首次全国所有制理论讨论会上，我提出了社会主义社会所有制结构的多元性、所有制形式的多样性、公有制具体形式的多层次性的“三性”观点，引起了较大的社会反响。

1986年以来，我发表了一系列有关国有企业进行产权制度改革的论文，对过去理论界认为“离经叛道”的产权问题进行了不懈的理论探索。改革开放以来，引入了市场机制，采取了扩权让利等多种措施，力图把国有企业推向市场。但种种改革措施并未使企业真正活起来，我认为其原因就在于国有企业的产权制度改革滞后。当时我提出“社会主义市场体制下的企业应该是独立的产权主体”这一命题。此外，围绕构建社会主义主体产权这一立论，我先后出版了《产权新论》和《主体产权论》等著作，系统地阐述了“公有制主体产权论”。

我还主张社会主义政治经济学必须致力于民富国强，提出社会主义政治经济学的基本内容应是人民财富学。1992年我主编的《社会主义经济学原论》一书把对“人民财富”的研究作为贯穿全书的一条红线。这一构架的新颖独特之处在于：把人民财富的最大增值、合理分配与优化使用作为社会主义政治经济学的基本内容；把人民财富上升为一种理论形态进行全方位的分析、归纳和科学概括。贫穷不是社会主义。社会主义的根本任务在于发展生产力，实现全体劳动者共同富裕。

1993年，应时任四川省委书记谢世杰同志的邀请，我参加了四川省现代企业制度试点和国有企业改革“33条”等文件的调研起草工作。我主张国有企业改革要大力抓好关键性的少数，集中力量抓好一批骨干性国有大企业的“三改一加强”，切实做好“抓大”；对于小企业要采取联合、承包、租赁、股份合作、出售给职工等多种方式，放开盘活。要实行“扶优”，通过联合、兼并、破产等形式，促使那些低效、无效运行的资产向优势“龙头”企业集中，从而盘活资产存量。

20世纪90年代中期以来，我国经济运行势态发生了根本变化，经济发展已经告别了短缺运行，出现了供给过剩。我在2000年适时出版了专著《我国转轨期经济过剩运行研究》，对我国转轨期经济运行的周期性等问题进行了探讨，指出社会主义经济也存在着运行性需求不足或需求过旺的问题，但借助政府有效的宏观调控可以实现总量均衡和经济的稳定运行态势，并提出了经济过剩运行治理对策。

进入21世纪的前十年，我的研究精力主要聚焦在高科技时代下社会财富创造的新特征的理论思考上，对社会主义市场经济下社会财富的形式和结构、现代社会财富结构多样性和源泉多元化、当代高技术生产方式、市场机制促进现代财富生产的途径以及科技创新与经济发展方式转变等进行了大量的研究。2005年我出版了《现代财富论》一书，这本著作被学界同仁谬誉为“立足于高科技时代的新《国富论》”。近年来，我的研究开始从经济学领域转向哲学领域，特别是自然哲学领域，《自然哲学笔记》一书就是这一新研究的成果。

同时，我还积极参加了一些国际学术交流活动。1984年，我赴美国考察，访问了美国10多所大学；1987年，赴澳大利亚和新西兰访问，并在澳大利亚的墨尔本大学、堪培拉大学和新西兰的怀卡托大学讲学；1988年，应邀到美国哈佛大学、西北大学、田纳西大学、玛丽埃塔学院及加拿大圣玛丽大学等院校讲学；1996年和1997年，赴德国高等财经学院访问。我在这些大学讲授中国经济体制改革问题，受到国外经济学家的好评。

改革开放40年多来，我一直致力于社会主义经济理论的研究，尤其是在社会主义条件下的商品经济、市场体制、公司产权和技术创新等方面思考较多。提出了一些自己的观点，形成了一套逻辑自洽的、对中国改革实践有一定解释力的比较严谨的政治经济学理论体系。在授予我2017年吴玉章人文社会科学终身成就奖的颁奖词中说道：“从他卷帙浩繁的著作里，可以触摸到有中国特色社会主义经济建设的起步、发展、繁荣的历史脉络。”

当前，中国特色社会主义进入了新时代，这是我国发展新的历史方位。当代中国正经历着我国历史上最为广泛而深刻的社会变革，也正在进行着人类历史上最为宏大而独特的实践创新。这种前无古人的伟大实践，必将给理论创造、学术繁荣提供强大动力和广阔空间。作为一名“90后”（90多岁老人），我也将站好自己的岗位，倾注个人全部智慧，为探求真理、为学术使命而继续发挥余力，有一分热、发一分光，述学立论、建言献策，担负起历史赋予的光荣使命。

贰

我的经济观

一　对社会主义经济的商品性和实行社会主义市场经济体制的必然性的理论探索

1978年实行改革开放以来，中国的社会主义发展进入了新时期——由计划经济向社会主义市场经济的转型时期。实行市场取向的改革是一场前无古人的伟大事业，依靠党的十一届三中全会的正确决策，通过理论家的努力和广大干部群众在实践中的逐步摸索，特别是依靠改革“总设计师”——邓小平的睿智、政治魄力和正确的指引，中国成功地走出一条由计划经济体制到市场经济体制的体制转型之路。

我国在20世纪50年代开展社会主义工业化建设时，针对苏联经济发展中的失误与高度集中的计划体制的缺陷，毛泽东主席提出了走中国工业化的发展道路的主张。但是由于缺乏经验，特别是长期受苏联社会主义经济理论的影响，中国在实践中仍然照搬苏式计划经济体制。其基本构架是：①单一的公有制结构。传统的全民所有制和集体所有制，其实质是将几乎一切生产资料归国家占有和支配。②全面的计划经济。将工业、商贸活动甚至农产品生产和交换，统统纳入国家计划，其实质是在经济活动中摒弃和排斥市场力量，实行由国家行政指令安排的产品经济。

20世纪30年代在苏联形成的计划经济体制是特殊社会历史条件的产物，是处在资本主义包围中的初生的苏维埃国家，为了应对即将来到的西方大国军事干预而实行的一种

"准动员经济"体制。从我国的计划经济实践中，人们可以看到一些现象：①作为计划体制的经济基础，单一的公有制结构强制消灭了现阶段社会主义固有的非公有经济成分，形成了公有化"超前"的模式，从而取消了多种经济成分之间的互促互补；②实行依靠行政权力驱动的严格的计划管理，使企业成为行政的附庸，压抑了企业的积极性和主动性；③全国范围内"一刀切"的个人收入分配，以其平均主义，打击了广大群众的生产积极性和创意；④权力的高度集中，特别是集中于中央，压制了地方和基层组织生产的积极性。由于上述种种原因，传统经济体制在表现出依靠集中力量办大事的积极功能的同时，由于管得过多、统得过死，造成动力缺乏、活力丧失和经济活动的低效率。以行政权力作为主要杠杆且高度集中的计划体制，不仅造成官僚主义的管理失误和资源配置中的巨大浪费，而且成为"唯意志论"的瞎指挥的温床，造成依靠行政动员的"大干""大办""大炼""大跃进"和在经济比例严重失调下的"大调整"即"大下马"，国民经济运行呈现出大扩张继之以大收缩的盲目性和周期性。高度集中的计划体制和传统社会主义结构，缺乏自我调节、自我完善机制，使体制性矛盾不断积累，并越来越尖锐。

20世纪80年代初，我记得有报纸报道一则新闻：联邦德国专家格力申应聘到武汉市一家国营柴油机厂，他对自己的所见所闻表示惊讶，工厂中废旧钢材和设备未严格保管，遍地堆放，且任由员工拿回家，造成了企业资源的浪费和成本上升。当时，我经常跑农村和工厂，在工厂一待就是半年多，了解了当时工厂里的工人劳动纪律散漫情况。而且，我记得当时成都市场上的搪瓷洗脸盆严重缺货，而成都东郊工业区的工厂仓库里的洗脸盆从地面堆到了房顶，销售不出去，原因是货不对路，企业管理松散。这些问题是当时国有企业中普遍存在的问题，引起了人们的深思。

传统社会主义经济理论的基本命题是：①社会主义以单纯公有制为经济基础；②计划经济是社会主义的本质特征。上述有关社会主义的传统观念，特别是计划经济姓“社”和市场经济姓“资”的观念，一旦成为干部和广大群众头脑中的思维定式，就会使人们闭目塞听，找不到经济生活中出现的矛盾的体制病因。例如，尽管企业丧失主动性、职工缺乏积极性、国民经济缺少活力、效率与经济效益低下等问题已经十分突出，经济增长势头已放慢，但人们往往将其仅仅归结为经济管理方式、方法的缺陷，往往诉诸在中央权力与地方权力划分上进行一些小改革，对原有体制进行小修小补。人们看不见传统社会主义模式和计划体制的严重弊端，有关进行市场性改革的建议和思路未能获得支持。由此可见，传统社会主义经济理论通过思维惯性成为一种保守的精神力量，它排斥理论创新，自然也就排斥真正的、根本性的体制改革，造成了社会主义国家普遍的改革滞后局面。而滞后的改革，由于各种矛盾的扭结，将更加难以启动和顺利推进。

中国的改革是以理论创新为先导的。党的十一届三中全会恢复了实事求是的唯物主义思想路线。1978年开展的“实践是检验真理的唯一标准”的大讨论，提高了全党的觉悟。在“解放思想，实事求是”的旗帜下，中国共产党对代价惨重的“十年内乱”进行了冷静反思，在深入总结中华人民共和国成立以来革命与建设实践的经验教训，特别是在加深对传统经济体制弊端的认识的基础上，提出了进行改革开放的伟大战略决策。

十一届三中全会决议中提出的体制改革的重大方面是：①实行权力下放，改变权力过于集中；②让企业有更多经营管理自主权；③不允许无偿调用和占有生产队的劳动力、资金、产品和物资；④不得干涉社员自留地、家庭副业和集市贸易；⑤稳定粮食征购指标，调整粮食统购价格和农副产品收购价格；⑥积极发展农村社队主副业，实行按劳分配，克服平均主义，等等。十一届三中全会没有先行对体制改革的最终目标加以规定，但从上述对城乡改革的具体要求中，特别是从决议有关“应该坚决按经济规律办事，重视价值规律的作用”的理论概括中可以看出，引进商品、市场关系的改革取向已经体现得十分鲜明。

社会主义市场经济的提出是邓小平同志的功绩。早在1979年邓小平就提出“社会主义市场经济”的命题，并将其作为他不断思索的实行市场与计划相结合的新经济体制的名称。“社会主义为什么不可以搞市场经济，这个不能说是资本主义。我们是计划经济为主，也结合市场经济，但这是社会主义的市场经济。”[①]“说市场经济只存在于资本主义社会，只有资本主义的市场经济，这肯定是不正确的”“社会主义也可以搞市场经济”。[②]邓小平多次提出和阐述了计划

① 邓小平：《邓小平文选　第二卷》，人民出版社，1994年，第236页。

② 同上。

和市场是“方法”，他强调“市场”是用来发展社会主义的“方法”和“经济手段”。市场“方法”“手段”论，无疑是邓小平对社会主义市场经济所做出的最重要的阐述。基于市场经济是一种“方法”“手段”的论述，邓小平突破了社会主义对商品、市场实行“严格限制”的传统观念，提出了充分利用商品市场关系服务于社会主义发展的新思路。他在1992年“南方谈话”中提出：“计划多一点还是市场多一点，不是社会主义与资本主义的本质区别。计划经济不等于社会主义，资本主义也有计划；市场经济不等于资本主义，社会主义也有市场。计划和市场都是经济手段，社会主义的本质是解放生产力，发展生产力，消灭剥削，消除两极分化，最终达到共同富裕。”[①]这一段话是邓小平社会主义理论的集中阐述，也是关于计划和市场是经济手段的精辟论述，还包含对改革先行地区充分发挥市场力量的改革经验和体制创新的肯定。邓小平提出和阐述了一个极具包容性的社会主义市场经济命题，这一命题为人们能充分利用市场作用、进行深度的市场性改革扫清了思想障碍，用卓越的理论创新，给围绕社会主义条件下的市场与计划问题多年的大争论画上了句号。1992年党的十四大召开，大会上全党一致通过把社会主义市场经济体制作为中国经济改革的目标。

十一届三中全会后，中国经济理论界打破了多年来的思想禁锢，针对经济生活中出现的新情况、新事物，围绕经济改革这一时代主题，进行了热烈的学术争鸣。尽管人们在不少问题上仍存在分歧，但在发展商品经济、引进市场作用

① 邓小平：《邓小平文选　第二卷》，人民出版社，1994年，第236页。

这一改革大方向上基本形成共识。在中国共产党的指导下，通过众多理论工作者的共同努力，中国经济理论界突破了长期束缚人们思维的传统社会主义经济理论，初步形成了社会主义市场经济理论。例如：①突破了社会主义实行产品经济理论，形成了社会主义条件下发展商品经济的理论；②突破了社会主义实行单一公有制论，形成了以公有制为主体的多种所有制结构论；③突破了国有国营、政企不分“吃国家大锅饭”的企业论，形成了企业自主经营、自负盈亏的理论；④突破了支配权、收益权、处置权合一的大一统国家财产权理论，形成了所有权与经营权相分离的现代企业财产权理论；⑤突破了以指令指挥经济活动的政府统治理论，形成了依靠经济手段进行宏观调控的现代政府职能理论，等等。上述经济理论的大变革可以归结为社会主义市场经济理论取代了传统社会主义产品经济理论。

40多年来中国的改革始终坚持发展商品经济和引进市场机制这一大方向，通过大胆地试、勇敢地闯，冲破了传统的计划体制，目前已初步建立起社会主义市场经济体制。体制创新增强了经济的活力，激发了人民群众的积极性，带来了经济快速、持续的发展，人民群众生活水平不断提高，保持了社会政治稳定。苏联与东欧国家在20世纪90年代以来都出现过转型期经济衰退和政治、社会危机，而中国的体制转型则带来生产力奇迹式大跃升。40多年来，中国经济快速增长，经济结构不断优化，一些产业技术跃升到世界先进水平。2018年中国GDP已经超过80万亿元人民币，位居世界第二，人民的收入水平不断增长。实践表明，中国摸索出一条进行体制转型的正确道路，实现了确立社会主义市场经济体制这一空前艰巨且具有重大历史意义的目标。

1. 对社会主义经济的商品性和实行社会主义市场经济体制的必然性的理论探索

党的十一届三中全会以来至20世纪80年代初，需要解决的问题是“中国向何处去”，对走什么道路进行选择，这关系中华民族危亡和国家复兴。重大的历史转折时期，也是思想繁荣昌盛的时期。在从产品到商品、引入市场的经济体制改革过程中，我与其他学者一道论证了社会主义经济的商品性和实行社会主义市场经济体制的必然性。

自党的十一届三中全会以来，我第一篇文章是于1979年2月发表的《论发展社会主义商品经济与利用市场》。该文把社会主义经济的属性规定为社会主义商品经济，突破了计划经济是社会主义本质特征的传统观念，这也是十一届三中全会后中国经济学界不少同志开始持有的新观点，尽管这种观点远未成为主流，当时只允许提“发展商品生产”。因此，这种提法在当时的理论环境下实属不易。

该文第一大标题是“加快四个现代化的步伐，必须着力发展社会主义商品经济”。在这篇文章中，我把“发展商品经济”的论题，明确地归结为利用市场。我提出：“社会主义初始阶段的一个重要特征是还存在广泛的商品经济。这是因为，存在社会主义公有制的两种形式，它们之间在根本利益上是一致的，但也还存在着经济利益不同的矛盾，从而决定了公有制两种形式之间的劳动交换，要通过商品交换来进行；社会主义集体所有制企业间存在着集体利益不同的矛盾，因而它们之间的劳动交换也要实行商品交换；城乡间还存在少量的个体所有制以及由此决定的商品生产。此外，全民所有制的消费品生产也是商品生产，同样带有商品生产的性质”①。这样，就把不同所有制之间产品的生产和交换，都归属于商品性质。我主张，在组织社会生产、交换、分配、消费中，必须遵循社会主义商品经济的客观规律，大力发展与完善社会主义商品经济，充分发挥商品交换对生产的积极促进作用。我认为经济理论的一项重要任务就是对社会主义商品生产存在的原因以马克思主义来科学阐明，深刻阐明发展社会主义商品经济对我国社会主义经济建设、实现四个现代化的重要作用。

该文第二大标题是“发展和完善社会主义商品经济，必须充分利用社会主义市场的积极作用”。在当前发展和完善社会主义商品经济的过程中，最关键的是要充分发挥和利用社会主义市场的积极作用。这就要求我们以马克思主义为指导，对社会主义市场的性质、范围、结构、机制、规律和作用等问题进行深入的研究与探索。论文提出，就马克思主义政治经济学理论（社会主义）来说，对社会主义市场的研究还十分薄弱，基本是生产理论加上分配理论，而缺少市场理论。由于传统理论的束缚，在当时提出这一理论认识需要极大的勇气。1979年11月，邓小平提出：“说市场经济只存在于资本主义社会，只有资本主义的市场经济，这肯定是不正确的。社会主义为什么不可以搞市场经济，这个不能说是资本主义。我们是计划经济

① 刘诗白：《刘诗白文集（第五卷）　社会主义商品经济研究》，西南财经大学出版社，1999年，第1—12页。

为主，也结合市场经济，但这是社会主义的市场经济。”[①]

1979年4月，中国社会科学院经济研究所在无锡举行关于价值规律作用问题的讨论会。我在《试论社会主义计划管理与利用市场机制》一文中，明确地提出了社会主义市场经济的概念并加以论述。我提出市场经济具有一般经济范畴性质。市场经济是指这种为市场而生产的商品经济，它的特征是：①它不是为了满足生产者自身或他人的消费需要而生产，而是以市场交换为目的的生产；②它的生产状况（如生产什么，生产规模的扩大或缩小等），决定于市场供求状况与价格的涨跌，受商品经济的基本规律——价值规律的调节。“市场经济就是资本主义”，这是经济学界长期流行并被一些人视为天经地义的传统见解。我认为，这种见解是缺乏科学根据的。市场经济是为市场而生产的商品经济，因而它不是一种独立的生产方式，也不是资本主义社会特有的经济范畴，而是自原始公社解体时就开始萌芽、几乎存在于人类社会各个不同经济形态中的一般性的经济范畴。由于时代的局限，该文主张“引进市场机制”，尚未突破“计划管理为主”的传统观念。

20世纪80年代中后期，改革在中国城乡全面推进。经过几年的思考，我的理论脉络逐渐清晰。1988年，我在提交中央纪念改革开放十周年的《论产权自主转让》这一获奖论文中，进一步明确了“社会主义市场经济正在形成之中”的观点。1992年初，邓小平发表“南方谈话”，中国社会主义市场经济思想呼之欲出。在1992年7月中国《资本论》学术年

① 邓小平：《邓小平文选　第二卷》，人民出版社，1994年，第236页。

会上，我提交了学术论文《社会主义市场经济之我见》。该文对社会主义市场经济概念的内涵作了五点具体阐述，今天看来还是很准确的。该文说：

在20世纪90年代的今天，传统计划经济体制的弊端早已暴露得十分鲜明，对它进行根本性的改革已经是十分紧迫的任务，因而这就要求我们在当前，再一次冷静总结历史经验，加深对社会主义经济的认识，对我国新经济体制予以更精确的概括。这就有“社会主义市场经济”概念的提出，这是我国在改革的伟大实践中及时总结经验、深化理论认识的合乎逻辑的发展。

什么是市场经济？广义地说，市场经济就是商品经济，列宁对此早有论述。狭义地说，真正的市场经济，就是社会化大生产条件下的商品经济，是市场充分发育，表现为完备的市场体系，市场调节作用充分得到发挥的商品经济，是发达的商品经济。

第一，市场经济不排斥计划。市场经济固有的矛盾，要求有计划调节，即使是当代西方市场经济，也包容程度不同的计划。实行社会主义市场经济，更要充分利用和发挥计划的功能，并且首先要调控好宏观经济，引导微观经济。

第二，市场经济不排斥政府经济功能。计划机制的实现离不开政府的调控功能，市场经济也不排斥国家在某些领域组织兴办企业，市场经济还需政府提供各种服务，社会主义市场经济更需要有效发挥政府的经济调节、规划、监督、服务的功能。

第三，市场经济概念，前面有“社会主义”为定语，明确规定它姓“社”，即坚持以公有制为基础和主体，因而人们不必有市场经济会发展演变为资本主义的顾虑。

第四，市场经济由于是以市场机制为基本调节器，因而不可避免会有经济活动的自发性与盲目性。但人们可以借助计划功能的发挥，对这种盲目活动进行限制和引导，并实现国民经济总体的运行有序，但是期望有一个不存在自发性的市场经济机制本身就是不现实的。

第五，市场经济有盲目生产、经济波动、扩大收入差别等弊端。但是，有利无弊的体制只存在于人们的幻想之中。两害相权取其轻，市场经济具有经济活力大的优点，较之僵化性的传统计划体制，它更为可取。何况社会主义条件下，人们借助计划功能和政府调整，使减轻上述弊端有着更大的可能性。

根据上述分析，我将社会主义市场经济概念内涵这样加以阐明：以公有制为基础的，实行有效的政府调控的，能充分发挥计划作用的市场经济。明确提出“社会主义市场经济”的概念，不仅具有理论意义，而且也有重要现实意义：

第一，我国的改革，是引进市场的全面的改革。明确以“社会主义市场经济”为目标模式，有利于彻底实行微观主体改革，转换企业经营机制；全面发育市场，形成完备的社会主义市场体系；认真实行机构调整，转换政府职能。一句话，有利于深化体制改革，使我国经济真正摆脱传统计划经济体制的束缚。

第二，要搞建立在现代化大生产基础上的发达的产品经济，不搞小商品经济和半商品、半产品经济。这就是说，要形成发达商品经济的企业组织，如股份公司、企业集团；

形成商品经济中分工充分发达的产业结构；形成大市场大流通，参与国际市场；特别要大力发展生产力，形成与现代市场经济相适应的物质技术基础。

第三，形成平等竞争的市场机制和市场准则，摆脱和克服一切来自企业和政府的干扰和破坏平等竞争的因素，例如对企业的政策按所有制划线等。

第四，“社会主义市场经济”从概念上明确了计划与市场两者中市场是基础，价值规律这一商品经济的基本规律仍然起着重要的、核心的作用，计划是立足于价值规律作用之上，立足于对各种经济杠杆——价格、利息、税收等的自觉利用之上。这样，就要求人们不再去搞那种违反市场作用和价值规律的要求的计划，使人们更加明确只有在充分利用市场作用的基础上，才能做到计划与市场的最佳结合，从而有效地发挥计划的作用。

基于上述对社会主义市场经济概念的理解，我认为，目前在“有计划的商品经济”“有计划的市场经济”“社会主义市场经济”等提法中，“社会主义市场经济”以其抓住和突出了新的商品经济体制运行的本质特征，可以作为首选。

1992年10月召开的党的十四大正式提出“社会主义市场经济体制”并将其确立为我国经济体制改革目标。

我对于构建和完善社会主义市场经济体制的主要观点如下[①]：

（1）要形成完整和完善的市场体制和机制，充分发挥

① 刘诗白：《刘诗白文集（第五卷） 社会主义商品经济研究》，西南财经大学出版社，1999年，第42—123页。

和利用市场的功能和作用

市场经济是一种富有活力的组织财富生产的形式和体制，它能有效调动主体的积极性；能依靠价格形成机制使产品适销对路；能依靠竞争推动技术创新，提高劳动生产率；能依靠自我积累，实现自行发展。市场经济灵活运行、高效生产的功能，建立在它的一整套微观经济组织、市场组织、宏观调控组织及其功能之上，这是在几百年历史中发展起来的、不断完备和完善的一部十分复杂、精巧、互相促进、互相制衡的大机器。因此，“实行社会主义市场经济，也就是要采用市场经济的基本构架，利用市场经济的一整套有效的‘共性’组织、制度和机制。具体地说，构建独立营运的微观主体，建立完备的经济活动，是建立在竞争原则基础之上的。与此同时，要建立主要使用间接方法的政府调控机构，实行政府有效的宏观调控”①。因此，中国当前要通过全面的体制改革，大胆引进和充分利用资本主义国家中行之有效的、属于市场经济共性的东西。例如，要构建起以公司制为主要形式的现代企业制度；统一开放的完备的市场体系，包括现代证券市场和各类期货市场；分税制的财政体制；中央银行调控下的商业银行体系；多层次的社会保障体系，等等。尽管它们形成于资本主义国家，但它们本身不存在姓“资”的问题，对其有效地加以使用，正是构建市场经济体制的固有要求。我特别强调了“不能把改革中出现的矛盾和困难，归之于市场机制及其组织的引进，更不能通过改革停

① 刘诗白：《构建社会主义市场经济体制若干问题的思考》，《经济学家》1994年第5期。

步来消除这些矛盾”。改革中出现的问题和困难，“来自体制性的矛盾，两种体制的摩擦是由计划体制向市场体制历史性转换中难以避免的现象，许多行为离轨，是由于市场机制未能充分发挥作用，而这些问题和矛盾也将随着改革的深化而得到解决。”①

（2）在引进市场的改革中，要全面认识市场的功能

反对自由放任的市场经济体制，不能把西方国家的市场经济制度视为“楷模”而照搬过来，这就要求我们在借鉴西方国家实行市场经济的经验时，既要“将市场经济的‘共通’的东西和资本主义私有制度区别开来，大胆吸取其‘市场共性’，摒弃其‘制度缺陷’，例如不能把资本主义私有制度和两极分化的分配制度照搬过来”②。同时又要能够识别西方国家市场经济实践中成功的、有效的积极经验和那些不成功的负效应，“包括经济的、思想的负效应”；要对市场经济的制度、机制、方法进行鉴别，明确其积极因素与消极因素，有取有舍地引进，而不能全盘照搬。这就要求我们在建立自己的市场经济体制时，要立足于社会主义的基础，适应中国的国情，要利用国际经验，又要实现新的创造，进一步探索和形成更加完善的市场体制、组织与机制，从而使市场经济制度牢固建立于中国社会主义经济的现实基础之上，充分适合中国的国情。

（3）建立社会主义市场经济体制，要使市场经济的组

① 刘诗白：《构建社会主义市场经济体制若干问题的思考》，《经济学家》1994年第5期。

② 同上。

织、机制与社会主义基本制度有机结合

构建社会主义市场经济的根本问题，“就是要在社会主义所有制框架之中，形成发达的市场，使市场机制充分起作用；同时，又要使由市场直接调节的经济运行，不仅不削弱其公有制基础，而且能不断壮大和巩固这一基础，从而实现‘市场经济’与‘社会主义所有制’有机结合”。由于我国的理论界当时机械地、教条主义地理解马克思和恩格斯关于公有制社会的论述，并照搬苏联高度集权的计划经济体制，因而理论界在经济理论上把市场经济与公有制对立起来，认为两者是水火不相容的关系。我认为，市场经济与社会主义公有制不相“兼容”的传统理论观点是站不住脚的。“兼容”问题只能解决于实践之中，而不是裁定于书斋之中。20世纪80年代初期，乡镇企业和城市集体企业迅速发展，自发生成了“苏南模式”，这是中国20世纪80年代改革中意义最重大的成果之一。市场经济改造了传统农村以及城市集体经济，使它初步获得了与市场相兼容的机制与组织形式。此后，农村还出现了建立在土地公有制基础上的股份合作制，它们以更加清晰的主体产权，进一步增强了与市场机制的兼容性。可见，中国乡镇企业和新集体经济这一改革的新创造，实际上解出了经济学家争论不休的“市场能否与社会主义兼容”的“哥德巴赫猜想”。在从1984年起全面展开的城市经济体制改革中，传统的国有企业在扩权、让利、承包、租赁等改革中逐步增强了活力，获得了一定的市场适应性。1992年以后，全面推开的国企股份制改革推动一批企业转换了经营机制，成为自主经营、自负盈亏的市场主体。因此，实现市场机制与社会主义基本经济制度的有机结合，已不再是一个能不能的问题，而是如何使二者结合得更好、如何使“兼容度”实现最大化的问题。中国正在构建的市场经济将日益体现出它的社会主义性质和优越性，体现出“社会主义本质是解放生产力、发展生产力，消灭剥削、消除两极分化，最终达到共同富裕”的性质和特色。

（4）重视政府的经济、社会职能，构建拥有强有力的宏观调控能力的市场经济

现代市场经济的基本构架是“独立营运的微观主体+市场价格机制+政府”的宏观调控。它意味着政府调控和影响市场、市场引导主体活动的经济组织和运行方式，即实行“看不见的手”和“看得见的手”二者相结合的经济。市场体制拥有发展生产力的积极功能，也有其固有的缺陷。我们应看到：“①市场机制在分配中存在收入差距拉大效应，在体制转型期，甚至会导致严重分配不公；②市场导向的经济运行中，各种经济失衡现象的出现是不可避免的，甚至会出现剧烈的运行波动，在资本主义条件下表现为周期性经济危机；③市场经济的消极外部性和成本的向外转嫁，会引起环境、生态、资源等的过度耗用甚至破坏；④盈利最大化的生产机制不能提供充分的公共产品（包括公用品、福利品与公益品），从而不能满足困难群体与低收入者的需要和社会公共需要；⑤面向市场的竞争性生产与营销，总是激励过度消费，甚至导致浪费资源畸化的生活方式和非理性的物质文明。”[①]所以，基于市场机制固有的运行的盲目性，特别是

① 刘诗白：《构建社会主义市场经济体制若干问题的思考》，《经济学家》1994年第5期。

针对发达市场化——金融化与全球化——条件下经济运行的不稳定和高风险，需要以构建强有力的宏观调控机制为目标，着力强化和完善宏观调控体系，寻找有效的宏观调控方法，使经济运行中“看不见的手”和“看得见的手”的调控互相补充、互相促进。经济体制越是市场化，越要求对宏观经济运行实行调控，越要切实建设好宏观调控体系，强化政府的宏观调控手段，增强科学调控能力，也就是要着眼于建设拥有强有力的宏观调控能力的社会主义市场经济。

（5）社会主义市场经济是拥有发达的公共产品生产的市场经济

市场经济立足于和依靠盈利驱动的竞争性商品生产，但是市场也会失灵或存在缺陷：“其一，一些物品在物质技术上具有消费和占有非排他性，依靠市场性生产会发生供给不足。其二，一些产品的生产具有自然垄断性质，需要政府在其生产过程中予以干预。其三，市场只承认有购买力的需求，而众多穷人特别是困难群体的基本需要不可能依靠市场机制获得满足。”满足人民群众不断增长的生活需要是社会主义生产的目的。社会主义市场经济要实行依靠市场决策性的竞争性生产和非市场决策性的公共产品生产并举，来实现财富的最大创造，特别是要重视和加强福利品的生产和提供，来充分有效地满足低收入者以及困难群体的需要。在我国当前正在大力从事的包括教育、医卫、文化在内的社会福利和保障体系建设中，这一大规模福利公共品生产与提供计划的深层内涵是，“通过国民收入的再分配，对低收入者进行劳动报酬的补偿，由此弥补市场机制作用下按照要素市值贡献分配的缺陷，从而体现了社会主义分配关系的完善”[1]。社会主义条件下的公共产品生产范围还包括：用来改善社会生产、生活条件，特别是用来改善落后地区、领域的生产、生活条件的公共基础设施建设；用来进行当代尖端性、战略性科学创新和技术创新，促进生产力跨越发展的公共科技基础设施建设；用来维护人类自然生存条件的环境、生态的公共设施建设，等等。它意味着，人们通过市场决策性生产和公共产品生产两种机制，实现财富生产最大化；又通过市场性的产品分配和福利性产品分配来实现财富的人民共享和共同富裕。

（6）要重视市场经济思想意识负面效应，更加强调社会主义精神文明的建设，形成支撑社会主义市场经济体制的精神支柱

市场经济建立在物质利益原则之上，它实行利益驱动和利益约束，市场经济运行是一种由主体的利益来调节的经济自动运行。社会主义市场经济体制，由于是以公有制为基础的，因而公有主体对自身利益的关心，绝不是私有制市场经济中那种纯私人利益的追求。实行社会主义市场经济，就要提倡一种以国家、集体、个人利益关系的恰当安排和正确处理为内容的集体意识，而不是重塑亚当·斯密描绘的“经济人”。

实行市场化改革和对外开放，带来了一场经济组织、活动、交往方式的深刻变革，由此引起了人们的生活方式、思想方式、价值观念的深刻变革。这一思想意识变革是积极

① 刘诗白：《构建社会主义市场经济体制若干问题的思考》，《经济学家》1994年第5期。

的，但同时在市场化过程中也产生了某些领域内思维方式、价值观念、行为方式和生活方式的西方化倾向。对于一个社会主义国家来说，如果思想滑坡、风气败坏、生活腐化，即使经济上去了，也绝非社会真正的进步。特别是西方国家以个人主义为核心的价值观念、道德标准、生活习惯，若照搬过来，将对中国的经济与文化发展、传统风习下的社会生活带来深刻的“冲击”，并且具有涣散人心和破坏我国的社会凝聚机制的消极影响，不仅不利于缓解市场机制下的经济、社会矛盾，而且会加剧这一矛盾。

可见，要建立社会主义市场经济，在文化思想上，应以中国特色社会主义理论为指导，坚持充分吸取人类文化的优秀成果，包括西方文化的精华，特别应坚持批判地继承几千年来形成的优秀中华文化遗产，要珍视和传承我国先贤留下的人生观、道德观、哲学观等优秀文化遗产，大力推进精神文明建设，提高群众的文化教育水平和道德情操，培养爱国主义、集体主义、社会主义的观念，由此来塑造和形成广大群众积极向上的心理和健康的精神世界，来支撑和促进社会主义市场经济体制的发展，促进中国的现代化。中国的市场经济将进一步体现出东方的、中国的特色和其不同于西方国家市场经济和西方社会的新特征。

2. 关于社会主义商品经济存在的长期性

我国经济理论界在20世纪90年代以前所说的“商品经济”与20世纪90年代以后所说的“市场经济”，实质上是同义语。只不过前者按照马克思的理论更注重研究经济关系，后者接受西方发达国家的说法更注重经济的市场运行。市场经济是商品经济发展到一定阶段的产物，是发达商品经济的表现形式和现代形态。原始商品经济和简单商品经济，虽然也是一种商品经济形态，然而却不是市场经济。只有建立了完整的市场体系、由市场调节作为资源配置基础性手段的商品经济才是市场经济。

1981年初，我在前期思考和积累的基础上，完成了《社会主义商品经济若干问题研究》一书，进一步系统深入地阐明了社会主义经济商品性的内在条件和根据。在我看来，我国社会主义发展现阶段公有制的性质决定了集体所有制企业的生产和全民所有制企业的生产都具有商品性；企业之间的产品交换，都必须实行商品交换。这是社会主义制度下商品经济长期存在的原因。我研究了社会主义商品关系的特点，指出社会主义商品经济是以公有制为基础、不存在人对人剥削的商品经济，是以满足社会全体成员的不断增长的物质与文化生活需要为目的的商品关系。此外，我还论述了社会化大生产和经济联合化是社会主义商品经济发展的形式与途径，并阐明了社会主义制度下自觉利用价值规律的客观作用及其调节机理。

（1）社会主义经济具有商品性的逻辑起点——社会主义初级阶段

邓小平提出和阐述了社会主义初级阶段理论，改革开放以来的一切重大政策和方针都是立足于这一理论的。我对这一理论的认识是：

根据唯物辩证法的发展观，任何事物都处在从量变到质变的运动过程之中，而这些不同的质态会使事物呈现出阶段性。马克思主义的历史唯物论不仅把人类社会的上升运动划分为五个大阶段，即五种社会形态，而且还把同一社会形态再划分为几个小阶段。这些小阶段，就其本质来说是相同的，但是它们还存在着某些重大的差别，即存在局部的质的差别。例如马克思和恩格斯，曾经论述原始公社制社会发展中的原始群、母系制、父系制等阶段；奴隶制社会发展中的早期家长制、家族奴隶制，东方国家的奴隶制，发达的希腊罗马奴隶制等阶段；封建制社会发展中的早期庄园农奴制和后期的地主经济，等等。马克思在《资本论》中更细致地阐述了资本主义发展中曾经经历的工场手工业、机器大工业等阶段，列宁进一步阐述了资本主义发展中的帝国主义阶段的特征。对于共产主义社会形态，马克思更是将它划分为社会主义和共产主义两个阶段。可见，把同一社会形态划分为发展成熟程度不同的若干阶段，从来就是马克思主义经典作家研究历史所使用的科学方法。

按照马克思创立的历史唯物主义，社会形态是一定生产力基础上的经济基础和上层建筑的统一体。我们可以将任何一个社会形态的基本构架视为由三个方面的要素组成：一是经济结构，它是生产关系的总和，也是社会的经济基础；二是政治结构及文化思想意识等，它是社会的上层结构，或上层建筑；三是生产力，它构成社会的物质基础。可见，社会形态是一个立足于物质基础之上的三维结构，而经济基础又是密切地依存于和决定于物质基础。

按照上述方法，在划分社会主义社会的发展阶段上，必须以生产关系和生产力为划分标准。具体地说，为了正确回答从资本主义到社会主义的过渡时期结束后社会主义处在什么样的发展阶段这一问题，为了科学地确定到底是处在社会主义不发达、不成熟的初级阶段，还是处在社会主义十分发达和成熟的高级阶段，或者是介乎二者之间的中级阶段，人们不仅要首先考虑生产关系的性质和状况，还要考虑生产力的性质和状况。大体说来，社会主义的发展可能具有以下几种类型：第一，设想一个诞生于高度发达的资本主义的社会主义，一方面社会主义生产关系——主要是公有制和按劳分配——表现为较为成熟和较为完善的形式，另一方面高度发展的现代生产力意味着社会主义物质技术基础的成熟，因而，社会主义将较为迅速地表现为成熟的形式，这样的国家将不经过社会主义初级阶段而是较快地登上社会主义高级阶段。第二，诞生于资本主义具有中等发展水平的社会主义，由于社会主义生产关系还带有某些不成熟的特征，社会主义物质基础也还带有某些未发育成熟的性质——如生产力发展尚未达到发达资本主义国家的水平，因而，社会主义将具有某些不成熟的特征，这样的国家，将要经历一个短暂的初级阶段的社会主义或是一个中级阶段的社会主义，再进至高级阶段的社会主义。第三，诞生于资本主义不发达的半殖民地半封建社会的社会主义，由于社会主义生产关系还带有相当鲜明和十分突出的不成熟性——如生产关系的不纯性、公有制结构的低层次性、公有制的不完全性都十分鲜明，同时生产力水平相当低，生产力多层次性和不平衡性十分显著，从而存在社会主义充分的物质基础形成的滞后。这样的国家，将不可避免地要经历一个相当长的、带有稳定性的社会主义初级阶段，甚至还要经历一个社会主义的中级阶段，才能逐步过渡到社会主义的高级阶段。中国就是这样的国家。由于半殖民地半封建社会的生产力水平十分低下，中国在过渡时期结束、社会主义生产关系确立起来后，二元生产结构还将长期存在，社会生产力还将长期带有传统生产力的性质，实现充分的生产现代化和社会现代化还需要以数十年、百年计的漫长年月，因而，中国社会主义的发展完善不可能一蹴而成，更不可能迅速地向共产主义过渡。中国将在一个相当长的时期内处在社会主义初级阶段，这种情况是由中国的特殊国情和中国社会主义的特殊历史所决定的。在评判与认识社会主义时，若采用单一的生产关系标准，那么按照这种思维方式，一旦所有制社会主义改造基本完成，即使生产力水平低，存在消费品匮乏和普遍生活贫困，人们也将它称之为“建成”了的社会主义，显然地，这是一种“穷社会主义”观念，并不是马克思主义的社会主义。这种观念的产生，就其方法论来说，在于评判社会主义的发展时，抛弃了社会主义的生产力标准。

可见，在评判和划分社会主义的发展阶段上，我们有必要既坚持以生产关系为直接标准，又同时引入生产力标准。在评判我国现阶段社会主义时，运用这双重标准考察社会主义经济基础和物质基础两方面的性质和特征，我们才能合乎逻辑地得出在所有制的社会主义改造基本完成后，我国还处在社会主义初级阶段的科学论断。基于这双重标准，我们也能够较有根据地对我国社会主义的未来发展阶段进行展望。

我国学者在解释社会主义经济商品性时，有两种公有制论、物质利益论、按劳分配论、核算工具论、社会分工论等观点。但我始终坚持使用“所有制论”解释社会主义经济商品性的根源。我认为，社会主义经济的商品性，完全可以从社会主义主体所有制——全民所有制企业的占有关系和利益关系的特点中得到说明。社会主义初级阶段的全民所有制还不成熟，这种情况决定了企业间在相互交换产品时不能把自己的产品无偿地让渡给对方，企业在让渡自己生产的产品时，不能不考虑与计较生产中的劳动耗费能否得到补偿，不能不关心它的生产与交换活动能否给企业带来物质利益，从而决定了企业只愿意把自己的产品当作商品让出去，决定了产品的商品性质和社会主义经济的商品性。①

（2）社会主义社会存在商品经济的原因

社会主义制度的确立，标志着历史上的商品经济形态的基本结束，开始了向崭新的产品经济形态的过渡。但是在人类历史进入社会主义社会以后，在新社会的初始阶段甚至是很长的历史时期里，商品生产与交换并未消亡，还要继续存在。在这一时期，社会主义生产还带有商品性。

既然马克思主义理论已科学地阐明商品关系是社会生产关系的历史形式，是一定的所有制关系的表现，我们在探索社会主义商品生产存在的原因时，就必须坚持这一科学的方法论。也就是说，我们必须从社会主义所有制的特点即生产资料社会主义公有制的不成熟性，去探索商品关系存在的依据。

① 刘诗白：《论发展社会主义商品经济与利用市场》，《社会科学研究》1979年第3期。

社会主义生产关系的基础是生产资料公有制。马克思主义经典作家曾经设想社会主义生产资料公有制确立后，商品货币关系将会消亡，代之以产品的生产与直接分配。但是，社会主义的产生和取代资本主义的世界历史的现实进程，并不如马克思和恩格斯当时所设想的那样。相反，社会主义革命首先是在那些生产力水平比较低、经济比较落后的国家取得胜利。这些国家经过由资本主义到社会主义的过渡而确立的社会主义经济制度，并未能实现马克思、恩格斯以及十月革命前列宁所预见的那种彻底的生产资料全社会公有制，而是存在着社会主义的全民所有制与社会主义的集体所有制，以及作为社会主义公有经济的补充的个体所有制。

我国社会主义社会，作为生产基本单位的企业，除了全民所有制企业和集体所有制企业以外，还存在着包含两种社会主义公有制因素的各种各样的联合所有制形式，如农工商综合体。但是，将这些具体经营形式加以抽象概括，就实质来说，社会主义公有制表现为全民所有制与集体所有制两大基本类型。社会主义所有制表现为公有制的两种形式并存，表明作为公有制的高级形式的全民所有制，还不能完全取代公有制其他形式而实现全社会单一的全民所有制；同时，社会主义公有制与某些个体私有制残余的并存，表明了社会主义公有制还不能完全排除与取代个体私有制残余而实现所有制上的全社会公有化。以上两个方面证明了社会主义公有制的不成熟性。在社会主义一定的发展阶段，特别是初始阶段，社会主义生产的商品性，正是由这种社会主义公有制的特点，即由其不成熟性所决定。

①现阶段社会主义全民所有制的特点与产品的商品性。

探索社会主义经济中商品关系存在的原因，有必要从现阶段社会主义全民所有制的特点入手。我们在阐明社会主义生产的商品性时，也必须由全民所有制经济的性质来说明，而不能由全民所有制经济以外的原因来加以说明。不能把集体所有制经济的存在，或者社会主义国家与国外的商品经济关系的存在，作为论证社会主义生产商品性主要的或充分的依据。

现阶段的全民所有制单位的生产是否已被赋予产品性质，即生产物不具有作为商品所固有的价值性，而只具有使用价值？现阶段的全民所有制是否已经决定企业间在互换活动，即互相交换劳动产品时，无须实行等价交换，而是由社会实行直接分配？回答是否定的。在社会主义社会的初始阶段，国营经济领域内产品的商品性，完全可以从全民所有制本身得到说明，关键在于要持科学态度，对全民所有制企业的现实生产关系进行科学的分析。

社会主义初始期的全民所有制，是一种不成熟的全社会公有制，它与马克思主义经典作家预言的那种完整的全社会公有制存在重大的差别。成熟的、完整的全民所有制是生产资料社会公有化的高级形式，它实现了使生产资料与产品无差别地归全体社会成员直接占有和直接按劳分配。而在我国不成熟、不完全的全社会公有制下，国有企业还存在企业局部占有的因素，还存在企业的特殊的局部利益，体现了生产资料社会公有化还不彻底和不完全。

社会主义全民所有制的这一特点——带有产品的企业局

部占有痕迹与因素，是与社会主义社会初始阶段的劳动性质密切相关的。

所有制是生产者与生产资料相结合的社会历史形式。马克思说：“无论生产的社会形式如何，劳动者和生产资料始终是生产的因素。但是，二者在彼此分离的情况下只在可能性上是生产因素。凡要进行生产，就必须使它们结合起来。实行这种结合的特殊方式或方法，使社会结构区分为各个不同的经济时期。”所有制形式固然首先决定于生产资料所有制关系，但也要受到为生产资料所有制所规定的劳动力性质与状况的制约。在生产资料归少数人占有、直接生产者缺乏人身自由、劳动力完全属于或部分属于少数人的条件下，产生的就是用超经济强制手段来维系的奴隶占有制或封建农奴制；在生产资料归资产者占有而劳动者获得了人身自由、劳动力归劳动者个人所有的现代商品经济社会里，产生的就是实行雇佣劳动的资本家所有制；在生产资料归社会公共占有而劳动还带有产品个人占有性质和体现特殊的个人利益的条件下，产生的就是现阶段不成熟的社会主义全民所有制。

社会主义生产是以公有制为经济基础，以现代生产力为技术基础的社会化的大生产。社会主义生产的这一性质决定了联合劳动性质，它表现在任何一个社会成员都是在联合劳动的基础上参与社会生产，个人劳动力作为联合的社会劳动力而出现，并服从社会的统一调动和支配。但劳动的社会化不是一下子就能彻底实现的，而是一个历史的发展过程，它取决于生产资料的社会化，但它本身的发展程度与状况又反作用于生产资料的社会化。在社会主义条件下，由于生产力尚未发展到较高水平，产品还未极大丰富，劳动还存在重大差别，人们还存在囿于个人利益的资产阶级权利的狭隘眼界，因而对社会主义劳动必须实行物质鼓励，这就要求贯彻按劳分配、多劳多得。在这种情况下，劳动者提供给社会的劳动（在扣除了社会基金部分后）又以劳动报酬的形式领了回来。由于多劳多得，劳动者先天拥有的或后天形成的不同等的劳动能力也成为他在个人消费品分配中的某种特殊的占有权利。这就表明，社会主义劳动除了体现社会公益性质外，还体现一定程度的个人特殊利益，因而劳动的社会化还是不完全的。

在社会主义社会初始发展阶段，由于社会生产力发展水平的限制，不同地区、不同部门的劳动者联合体所拥有的物质技术条件、劳动力的熟练程度、企业的经营管理水平均有所不同，因而联合劳动在质的规定性上就有着差别，即表现为企业的劳动生产力和经济效果有高有低；另外，人们还存在从局部利益出发的资产阶级权利的狭隘眼界。这一切决定了企业之间在分配社会产品中要承认联合劳动的质的差别，要实行等价交换。所有制形式从根本上决定于物质生产力的水平，在社会主义社会的物质生产力还未达到较高水平，生产的机械化、自动化以及由此决定的社会劳动分工协作还未发展到很高程度的条件下，劳动社会化的不完全性就会继续存在，在企业产品分配中的联合劳动的局部占有性就不会被消灭，保证和实现劳动者与生产资料有效结合的不完全、不成熟的全民所有制形式，也就会继续存在下去，这是不以人们的意志为转移的。

不成熟的全社会公有制，正是决定社会主义生产商品性的内在条件与根据。这是因为，既然全民所有制企业的生产除体现社会共同利益之外，在一定程度上还存在各自的特殊的局部利益，在全民所有制企业相互之间还存在经济利益的差别与矛盾，这就决定了企业在经济活动中客观存在对特殊的局部利益的关心。它表现在企业之间在相互交换产品时，不能将自己的产品无偿地让渡给对方，而要考虑与计较生产中的劳动耗费是否能得到补偿，要关心企业的合理利益。基于自身的特殊经济利益，企业总是在交换产品时采取商品形式，以自己生产的商品换得所需要的商品。产品作为具有价值的商品实行等价交换，正是有效地调节全民所有制企业经济利益矛盾的经济形式。而那种企业间“不分你我”“吃大锅饭”的经济联系形式，却是与现阶段社会主义国有企业的性质不相适应的。总之，社会主义全民所有制企业，既存在根本利益的一致（这是主导的方面），又存在利益的差别（这是次要的方面）。这种利益关系，决定了各个企业要以相对独立的经营主体的身份来进行交换活动。可见，现阶段的社会主义全民所有制尚未彻底摆脱较狭隘的企业局部利益因素，仍存在历史上的商品生产关系的烙印与痕迹。这种不成熟的全民所有制特点，是全民所有制生产的商品性的根源，产品的等价交换正是在这种社会主义全民所有制下企业之间相互交换产品而实现的。那种认为商品关系与全民所有制的本性不相容的观点，即认为商品生产与社会主义经济不相容的观点，实际上正是从法权的意义上来把握社会主义全民所有制，而不是从它的客观经济内容即现实的占有关系来把握社会主义全民所有制。这种观点，还停留在事物的现象上，未能深入地揭示现阶段全民所有制企业具体的占有关系的内涵，自然也就不能从社会主义全民所有制的特点中去把握和阐明社会主义生产所带有的商品性质。

②社会主义集体所有制企业生产的商品性。

集体所有制经济的存在，是决定社会主义生产的商品性的重要因素。对于不发达的社会主义国家，整个统一的社会主义生产的商品性，在很大程度上受到集体所有制经济的商品性生产（指用于外部交换的那部分生产）的制约。

集体所有制经济用于外部交换产品的商品性，不能由外部的原因来说明，而必须由集体经济本身即由集体所有制的性质与特点来加以阐明。集体所有制意味着生产资料和产品归集体单位联合劳动者直接占有，它在部分劳动人民范围内实现了生产资料公有化，是社会主义公有经济的初级形式。集体经济是劳动者自主联合组织起来的独立的利益的共同体。集体所有制企业作为生产资料与产品的直接占有者和劳动力的支配者，具有独立利益的共同体性质，这也就决定了它的经济活动除了要考虑社会的利益以外，还要更多地考虑集体经济的利益。因此，集体经济在出让产品时首先要考虑在生产中的劳动耗费能否得到补偿。社会主义集体所有制的性质，决定了集体单位在市场交换中以独立的产品所有者身份互相对立。集体所有制本身的这一特点，决定了集体单位与外部的交换或经济联系必须是商品交换和商品经济关系。

如果说，公有化程度更高的、主要体现社会公共利益的社会主义全民所有制范围内的生产，尚且带有商品性质，那么，公有化程度较低的、直接体现企业内联合劳动者利益的集体所有制范围内的生产具有更加完整的商品性质，就是理所当然的了。

在认识集体所有制经济的性质时，要特别注意集体所有制企业的生产是商品生产这一重大特征。固然，在我国由于生产力水平低下、社会分工不发达，因而农村集体经济在很大程度上还保持自给自足的状态。但是我们不能从现象出发，把自给性生产视为集体经济的本性。恰恰相反，随着农业现代化的发展，社会主义的集体经济将越来越以社会化大生产为物质基础。在社会分工日益发展、集体单位对外部的依存与经济联系日益密切的条件下，集体单位将在更大程度上以商品所有者的身份与其他生产单位互相对立。尽管我国农村集体所有制的商品关系一时还不发达，但是随着农业生产社会化的发展，农村生产的专业化、区域化也将进一步发展。因而，农村集体经济组织的再生产（包括生产资料的再生产与劳动力的再生产）将越来越依赖于商品生产与交换，农村集体所有制生产作为商品生产的特征将更清晰地显示出来。在很长一段时间内，尽管我国的农村人民公社集体经济的自给性生产仍占主要地位，但是商品性生产的发展及其取代自给性生产是不可避免的。

根据马克思主义关于交换方式的性质决定于生产方式，特别是所有制关系的论述，社会主义的商品交换关系既是不成熟的社会主义全民所有制关系的表现，也是社会主义集体所有制关系的表现，是由集体经济所体现的企业集体经济利益决定的。只要直接体现集体利益的集体企业仍然存在，企业对外部交换的产品的生产与交换就只能是商品生产与交换。集体经济单位与其他单位间交换的这部分生产的商品性是由集体所有制的本性所决定的，不是人们所能任意选择的。

从以上各方面的分析可以看出，社会主义制度下商品生产的根源与历史上各种商品生产的根源一样，都在于所有制的性质和它的现实关系。社会主义生产的商品性，是由社会主义初级阶段不成熟的社会主义公有制的特点所决定的。社会主义实现了生产资料私有制到生产资料公有制的根本变革，消灭了千百年来人剥削人的关系，但是完全的、成熟的社会主义公有制的彻底实现，还需要经历一个很长的历史发展阶段。在社会主义社会的初级阶段，社会主义公有制（无论是社会主义全民所有制还是社会主义集体所有制）还不能摆脱产品局部占有因素与局部利益，因而在发达的社会分工中，彼此密切依存的联合生产者相互之间在进行活动交换时，要采取以等价为基础的商品交换形式。社会主义商品关系正是由这种不成熟的社会主义所有制所决定的。

（3）社会主义经济商品性存在的长期性

社会主义生产所带有的商品性具有历史的过渡性质，它不可能是永恒的，但是它在社会主义经济的一定发展阶段又是客观存在的，是不能任意加以废止的。

对社会主义制度确立后商品关系的命运，马克思主义经典作家从成熟的、完全的社会主义公有制的本质出发，提出了社会主义生产方式与商品生产不相容的设想，他们预言社会主义生产方式一旦确立，商品关系就将被消灭。马克思在《哥达纲领批判》中，明确地将共产主义划分为低级和高级两个发展阶段，他认为社会主义社会不存在商品："在一个集体的、以共同占有生产资料为基础的社会里，生产者并不交换自己的产品；耗费在产品生产上的劳动，在这里也不表现为这些产品的价值。"[①]恩格斯指出，在社会主义社会"一旦社会占有了生产资料，商品生产就将被消除。"[②]列宁也曾经说，资本主义的消灭和商品生产的消灭是结合在一起的过程。马克思主义经典作家是以具有高水平生产力的成熟的社会主义为背景，在设想社会主义实现了完全的、彻底的社会主义公有制的前提下，做出商品消亡的推论的。

社会主义经济建设正反两方面的经验教训，向我们提出了这样的课题：不仅要深刻认识社会主义商品关系存在的必然性，而且要深刻认识社会主义商品关系存在的长期性，要看到社会主义生产带有商品性是社会主义社会发展中的一个"既不能跳过也不能用法令取消的自然的发展阶段"的必然现象。

在社会主义制度下，生产资料公有制把生产的人身条件——劳动力——与某些基本物质条件排除于商品之外，使劳动者相互关系中非商品性联系获得发展，商品生产与交换不再是无所不包的。这就意味着生产资料公有制使商品关系在范围上受到限制，较之作为商品经济的最高形式的资本主义商品经济来说，社会主义商品经济无疑是人类社会发展中

① 马克思、恩格斯：《马克思恩格斯全集》第三卷，人民出版社，1979年，第10页。

② 马克思、恩格斯：《马克思恩格斯全集》第三卷，人民出版社，1979年，第323页。

新的商品经济模式。

但是，如果说人类历史发展由产品经济时期转化为商品经济时期，经历了原始公社制瓦解以来的数以千年计的时间，是一个漫长而艰难的历史进程；那么在社会主义社会，商品关系的消亡和最终转化为全面的产品经济关系，也同样是一个长期和艰巨的过程。因为，如上所述，社会主义生产的商品性是由带有产品的企业局部占有性因素的社会主义所有制所决定的，是这一所有制的实现形态。在社会主义物质技术基础尚未充分成熟、社会主义公有化尚未成熟之前，社会主义生产的商品性将继续存在。正如马克思主义所阐明的（也为社会主义建设实践所证明），社会主义公有化不可能通过一次运动就完全实现，而是一个自然历史发展过程。人们往往要经过数十年乃至上百年的时间，才能完成彻底全社会公有化。希望很快地、完全地消灭社会主义公共占有制在产品分配关系中所带有的局部占有痕迹与残余，从而实现商品关系的消亡和向产品经济的转化，不过是一种空想。

还要看到，如同历史上商品经济的发展（在国民经济中占据统治地位和最终取代产品经济）在经历了许多曲折并反复而迂回地前进一样，社会主义生产的商品性的消亡同样要经过曲折的发展而不能直线地下降与立即“消亡”。特别是对于那些原先商品经济不发达的国家，在社会主义建设过程中，还必须经历一个社会主义商品关系多方面发展的兴盛时期，然后才能逐步地走向商品关系的衰退。只有在社会生产力发展到较高水平、社会主义公有制充分成熟后，各个领域中的社会主义商品关系才能水到渠成地转化为社会主义产品关系。由此可见，社会主义商品生产的存在，不是短时期的现象，而是具有历史的长期性。

社会主义商品生产存在的历史长期性决定于不成熟的社会主义所有制存在的长期性。在社会主义制度下，作为社会主义公有制的低级形式的集体所有制在很长时期内还有生命力。特别是像我国这样的不发达社会主义国家的建设经验表明：城乡中大量公有化水平较低的小集体向更大集体的过渡和由集体所有制向全民所有制的过渡，不可能轻易地在短短十几年或几十年内完成，而要经历远远超过原先人们设想的更长的历史时期。这种情况就决定了公有制的两种形式将长期存在，这是社会主义商品关系存在长期性的一个重要因素。特别是在社会主义制度下，体现产品企业局部占有痕迹与因素的不完全、不成熟的全社会公有制的存在具有长期性，我们可以设想即使在实现单一的全民所有制以后，社会主义全民所有制的产品局部占有痕迹与因素还是难以很快消失，全民所有制内部的商品关系也将长期存在。此外，全民所有制企业与职工之间在让渡消费品中的商品货币关系也不可能立即消失，甚至还要长期存在下去。这些正是特殊的社会主义商品关系长期存在的重要原因。

我认为，社会主义所有制由低到高、由不成熟到成熟的发展，将表现为社会主义社会的所有制由社会主义公有制与前社会主义所有制形式并存，转化为社会主义公有制的独占；由社会主义公有制的两种形式（及联合所有制形式）转化为单一的社会主义全民所有制形式或全社会公有制。但是，公有制的两种形式转化为社会主义全民所有制的单一形式，与不完全、不成熟的社会主义全民所有制转化为完全成熟的全社会公有制，是既有联系又有区别的。单一的社会主义全民所有制的实现，表明了生产资料公有化处于较低阶段的集体所有制退出历史舞台，全社会所有这种公有制的更高形式成为社会唯一的经济基础，这意味着生产资料公有化达到更高程度。但是单一的全民所有制的实现，并不意味着不完全、不成熟的全民所有制转化为完全成熟的全社会公有制。不完全、不成熟的全民所有制的特征，是企业对产品的局部占有痕迹与局部经济利益的存在；而完全成熟的全民所有制，则意味着企业对产品局部占有痕迹与残余的消失与企业局部经济利益融合在无差别的全民利益之中。要实现这一步，需要社会主义社会物质技术基础的不断夯实与人们觉悟水平的不断提高；需要生产社会化与劳动力社会化的更高发展；需要体现有局部利益的企业联合劳动的消失，并融合于全社会联合劳动之中。归根到底，它不是由人们主观意愿所决定的，而是决定于社会生产力的发展水平。只要社会主义社会的物质生产力还未发展到更高水平，在社会消费财富还未达到极大丰富以至不再需要以任何产品局部占有因素来作为维系企业联合劳动的经济纽带以前，社会主义全民所有制就将依然保留着它的不成熟、不完全的性质。这时，由于单一的社会主义全民所有制企业间局部利益的差别和矛盾尚未消失，因而商品关系仍然将是企业间经济联系的必然形式，社会主义生产的商品性就不会最终泯灭。

基于上述分析，我们完全可以有根据地说，社会主义商品关系将在一个很长的历史时期存在。它包括：①社会主义制度建立后，在公有制占统治地位的前提下，多种所有制并存的发展阶段。②社会主义公有制的两种形式并存的发展阶段。③单一的不完全、不成熟的社会主义全民所有制的发展阶段。在这一历史时期中，社会主义商品关系是推动社会主义生产者之间活动交换、增强社会经济联系、实现生产社会化的经济杠杆。商品关系将在这整个历史时期存在和发展，并卓有成效地为社会主义事业服务。只有经历了社会主义商品关系充分发展的全部进程，商品关系的消亡才会开始。我们可以设想，在那时，随着社会生产力的不断发展，全社会公有制将日益成熟，产品局部占有痕迹将逐渐消失，企业特殊的局部经济利益将日益融合于全社会利益之中，企业之间相互活动交换中的等价性要求将逐步被削弱，这就意味着开始由商品性生产向产品性生产直接过渡。此后，社会主义社会生产力发展到更高水平，企业不再具有任何局部利益共同体的痕迹与性质，全体社会成员都已经直接地联结于全社会公有制的纽带之上，这时，商品经济关系将会自然地过渡到产品经济关系，从而最终完成它在发展社会主义生产中的历史使命。此时社会仍将处在社会主义发展阶段，不过，这一社会主义社会发展阶段的特征是产品交换和按劳分配。

归根到底，社会主义生产方式并不是商品关系的尽头，而是新型的商品生产发展的中继站与新的起点。社会主义社会在它的发展中还将经历一个很长的存在商品关系的历史时期，这是一切社会主义国家在社会发展中不可跨越的阶段。特别是像我国这样的原先生产力水平低、商品经济不发达的国家，在走上社会主义道路后，存在商品关系的时期还将持续很长一段时间。我们提出社会主义社会存在着实行商品生产和实行产品生产两个依次递进的历史时期，不是单纯的学究性的字义论争，而是有着现实意义的。认清社会主义制度下商品生产存在的长期性，懂得它在实现社会主义生产社会化中的历史作用及其向产品生产过渡的历史必然性，具有重要的现实意义。懂得社会主义社会发展的这一规律，人们才能有清醒的头脑，才能在社会主义建设中避免逾越必由经济阶段，急于去“限制”和“消灭”商品生产，或者企图人为地“缩短”商品生产的发展阶段而跳跃到产品生产的阶段；才能够按照社会发展的客观规律，制定正确的政策和措施，毫不动摇地和自觉地去发展和利用社会主义商品关系来为社会主义建设服务；同时人们又不至于将商品关系当作超历史的永恒范畴，当作人类社会发展中的永世长存的现象，陷入新的“商品拜物教”。

二 对社会主义所有制的多维分析

我国长期实行单一公有制体制，社会主义所有制的多元性过去一直是理论研究的“禁区”。我是较早突破传统社会主义所有制理论禁锢的学者之一。改革之初，对于社会主义为什么要实行商品经济，学术界存在两种公有制论、物质利益论、按劳分配论、核算工具论、社会分工论等，但我始终坚持使用马克思主义“所有制论”解释社会主义经济商品性的根源。我认为，社会主义经济的商品性，完全可以从社会主义主体所有制——全民所有制企业的占有关系和利益关系的特点中得到说明。由于社会主义初级阶段公有制的不成熟，决定了产品的商品性质和社会主义经济的商品性。[①]所以，实行市场经济，就要调整传统经济体制下大一统的单一公有制模式，实现所有制的多元化，调整和完善所有制结构，寻找公有制新的实现形式。

1979年2月，我在《经济研究》第2期上发表了《试论经济改革与社会主义全民所有制的完善》一文，以很大的理论勇气，为突破所有制研究“禁区”勇敢开路，提出了“社会主义‘全民所有制’应该是‘不完全的’”新观点，在理论上阐明了把统收统支、“吃国家大锅饭”的国有企业改造为自负盈亏的市场主体的必然性和合理性。1981年，中国社会科学院经济研究所在成都召开的首次全国所有制理论讨论会上，针对长期以来流行的社会主义“纯公有制论”等观点，我进一步提出了社会主义社会所有制结构的多元性、公有制形式的多样性、公有制内部的多层次性的“三性”观点。这一观点当时在社会上产生较大反响。此外，我相继于1981年发表《论社会主义社会所有制的多样性》《论社会主义全民所有制企业的自负盈亏》，1982年发表《论社会主义制度下个体所有制的性质》，1985年发表《论社会主义所有制具体形式的多样性》，1986年发表《论宏观的社会主义所有制的改革》和《试论社会主义股份制》等文章，并且在1985年出版《社会主义所有制研究》、1988年出版《论社会主义所有

① 刘诗白：《论发展社会主义商品经济与利用市场》，《社会科学研究》1979年第3期。

制》等著作，对社会主义所有制进行了多维分析。

1. 公有化的不完全与社会主义社会所有制的多元性

成熟的社会主义所有制的特征表现为生产资料公有制成为社会主义所有制的唯一形式，即由公有制占领整个社会经济领域，不存在任何私有制的残余，这种情况意味着社会一切生产资料的公有化。但是，现阶段的社会主义生产资料的公有化是不完全的，它表现在社会所有制领域中占主导地位的公有制与在局部领域存在的某些前社会主义时期所有制形式残余——例如个体所有制，以及特定领域的国家资本主义所有制等所有制的并存，故而社会主义社会的所有制不是纯粹的单一的公有制结构，而是具有多元性，即表现为由作为主体的公有制与某些前期所有制组成的复合结构。

所有制的复杂性与表现为结构的多元性质，是一切社会形态的共同特征，特别是在一切社会形态的初始阶段表现得最为鲜明。这种情况是由生产关系一定要适合生产力性质的规律所决定的，是由社会的物质生产力的发展具有不平衡的性质所决定的。对于那些在原先经济落后的国家建立起来的不发达的社会主义，社会生产力具有高、中、低的多层次性则表现得更为鲜明。为了充分适应这些参差不齐的多层次的生产力的发展，在私有制的社会主义改造取得基本胜利后的一定发展阶段保持多样的而不是单一的公有制结构，则是难以避免的了。

当前在我国，以原子能为标志的现代化的物质生产力、以蒸汽机为标志的近代生产力、以手工磨与水碾为标志的中世纪生产力、以刀耕火种为标志的原始生产力杂然并存，社会生产力的高、中、低诸层次表现得分外鲜明，而且生产力的这种性质与状况不是短时期内所能改变的。这就决定了我国实现生产资料的彻底的、完全的社会主义公有化的逐步性与长期性。因而在我国，生产资料私有制的社会主义改造的胜利只能是基本上实现生产资料的公有化，使社会主义公有制在国民经济中占据绝对主导地位。但是，在国民经济的某些领域内还将存在某些前社会主义所有制的残余。在公有制占绝对优势的前提下，具有一定的前社会主义时期所有制因素的多元性的社会所有制结构，是我国社会主义社会初级阶段的固有特征。只有在社会主义现代化经济建设取得胜利后，随着社会主义物质技术基础的发展与进一步壮大，社会主义公有制才能不断地壮大和成熟，才能完全地、彻底地排除与取代前社会主义时期所有制的残余，占领一切经济阵地。

现阶段社会主义社会所有制具有的多元性，不能与从资本主义到社会主义过渡时期的多种经济成分混为一谈，更不能把现阶段社会主义容许多元性的所有制并存，认为是在经济结构上倒退到从资本主义到社会主义的过渡时期。因为社会主义社会初级阶段所有制结构的多元性，与从资本主义到社会主义过渡时期的多种经济成分是根本不同的。在我国，私人资本主义经济经过生产资料私有制的社会主义改造，早已被消灭。虽然在我国经济生活的局部领域（如在个体经济领域）中可能还会产生某些私人资本主义关系，但它在量上是微不足道的。随着社会主义经济的强大与国民经济管理体制的日益健全，产生私人资本主义关系的缝隙将进一步缩小。而在过渡时期的所有制结构中，私人资本主义经济是一个合法且重要的成分。这就显示了社会主义社会所有制结构与过渡时期所有制结构不容混淆的原则差别，社会主义社会初级阶段的所有制结构中尽管还存在个体所有制，但它已经具有不同于原先那种独立的农民与手工业者私人所有制的新特点。无论是农村的个体所有制还是城市的个体所有制，都是在某些局部领域内作为社会主义经济的补充而存在的，是社会主义自食其力的劳动者的个体所有制。

现阶段社会主义社会所有制的多元性以社会主义公有制占绝对主导地位为前提。社会主义公有制成为社会主义所有制结构中的绝对主体，是现阶段社会主义经济的特征，决定着社会经济基础的社会主义性质和国民经济发展的社会主义方向。日益壮大的社会主义公有制对前社会主义所有制起着有力的制约、规范与改造作用，并逐步地把它们纳入社会主义所有制体系之中。以上情况表明，社会主义社会的这种带有多元性的所有制关系无论是在质的规定性上还是在量的规定性上，都发生了深刻的变化，已经具有全新的社会主义性质。无疑地，社会发展到这一阶段，意味着原先的私有制经济占重要地位的过渡性的经济结构已经发生了质变，同时也意味着以公有制为基础的社会主义经济结构的基本确立。而社会一旦发展到这一步，就可以说跨进了社会主义社会的门槛，即基本上建立了社会主义经济制度。

社会主义社会初级阶段所有制关系多元性的问题，在社会主义经济理论中，长期未曾加以阐明。在这种情况下，人们通常习惯于设想社会主义社会在所有制上是单一的，即必须是清一色的公有制。其实，像我国这样从半殖民地半封建社会的基础上建立起来的不发达社会主义国家，认为社会主义制度一旦确立就要以纯而又纯的单一公有制结构为经济基础，并不是马克思主义的科学社会主义，而是一种脱离实际的空想。社会主义以生产资料公有制为本质特征，它不仅要消灭资本家私有制，还要消灭生产资料的个体所有制和一切前社会主义所有制残余。但正如任何一种所有制形式退出历史舞台，都必须先有生产力的发展一样，要消灭一切前社会主义所有制的残余，也必须要有物质生产力的高度发展。而在不发达的社会主义阶段，社会的物质基础还难以发展壮大到这样的高度，因而个体所有制和其他旧所有制形式残余就不会立即全部消亡。

社会主义社会所有制单一模式论的依据，是不把社会主义社会的经济结构弄得更加纯粹、不排斥个体所有制经济及其他非社会主义经济，那么它们就将削弱社会主义经济。这种论据是简单化和站不住脚的。事实上，社会主义社会多样性所有制结构诸成分之间是既相对立又相统一的。首先，就那些旧所有制形式残余来说，尽管它们还带有不同程度的私人占有性质，但是仍然对社会主义经济起着积极作用。在社会主义社会的初级阶段，所有制领域中带有一定的私有性质的旧形式的残余，也能卓有成效地为社会主义新经济的发展服务。可见，以公有制和旧所有制形式残余并存为内容的多样的所有制结构，不是权宜之计，而是在一个相当长的历史时期内生产力发展的必然要求。

进一步从理论上来进行考察，可以说一个社会主义国家的生产力水平越低，社会主义公有制生产力结构中以手工工具为技术基础的低级层次的比重就越大；以现代化技术为基础的层次的力量越不足，旧所有制形式就将有越多的存在空间与活动余地并持续更长的时期。这就是说，体现私有制残余的旧所有制形式存在的范围和时期与社会生产力的水平成反比，这是不以人们的意志为转移的客观经济规律。因此，为了使生产关系更充分地适合生产力，在社会主义建设中，人们必须自觉地和充分地利用适合生产力性质的旧所有制形式的积极作用，而不能采取“禁”“堵”和“割尾巴”的做法，在物质条件尚未成熟时，强制地制造公有制的“一统天下”。特别是对于像我国这样的底子薄、人口多的国家，现阶段社会主义还不能使社会主义公有制占领一切阵地，还不能立即消灭一切私有制残余；其实，占绝对优势的社会主义公有制经济和一定范围内的个体所有制经济与某些其他体现私有制因素的经济形式并存，正是我国社会生产力发展所要求的。

从我国的国情出发，建设具有中国特色的社会主义，必须正确地处理好占绝对优势的社会主义公有制与作为补充的旧所有制形式残余的关系，主要是处理好公有制经济与个体经济的关系，建立一个最优的社会主义社会所有制结构，以最有效与最充分地发挥各方面的积极性，促进社会主义公有制经济的发展。但是也要看到多样性的社会主义社会所有制结构内部存在的矛盾，即占主导地位的公有制与私人占有因素的矛盾；还要看到社会主义社会所有制结构中的个体所有制，以及其他前社会主义所有制因素并不是十全十美的，也存在私有制残余所固有的消极因素，因而个体所有制经济与社会主义公有制经济之间还存在着矛盾。但是，这种矛盾是属于社会主义劳动者之间的非对抗性矛盾。社会主义国家要坚决地维护公有制的绝对主导地位，同时把个体所有制经济规范在合理的界限内，并且通过经济手段以及必要的行政管理措施来加强对个体经营的调节、管理与指导，从而有效地解决这一矛盾，克服与避免其自发作用与消极性。

综上所述，在不发达、不成熟的社会主义社会，所有制结构具有多样性，即公有化的不完全，是社会主义社会初级阶段的必然现象。只有社会生产力达到很高的发展水平，现代化大生产普及于一切经济领域，那时才将实现全社会范围内的生产资料公有化，社会主义经济结构才将表现为单一的公有制，而这就意味着公有制达到成熟和发达的阶段。

2. 社会主义公有制形式的多样性

社会主义公有制形式的多样性，是不发达社会主义所有制的一大特征。

现阶段社会主义公有制表现为全民所有制和集体所有制这两种基本类型。此外，还存在由全民所有制和集体所有制组成的联合体所体现的新的社会主义公有制形式。因而社会主义公有制具有多样性。①

公有制形式的多样性，不同于社会主义社会所有制结构的多元性，因为它并不体现占有的根本性质的差别，而

① 刘诗白：《社会主义所有制研究》，上海人民出版社，1985年，第80页。

只是体现公有化程度的差别。如全民所有制是以生产资料归社会公共占有为特征，是公有化程度较高的形式；集体所有制是以生产资料归部分劳动者占有为特征，公有化程度要低些。经济联合体的公有化程度则视其中全民所有制和集体所有制的比重及其分配形式等具体情况而有所不同。有些联合体更接近全社会所有制，有些联合体则更接近部分劳动人民的集体所有制。这样，由上述多样的公有制组成的社会主义的公有制结构——社会主义社会所有制结构的基础与绝对主体——就表现为一个公有化程度由低到高的多层次、多阶梯的复合构造，并且由此显示了社会主义生产关系的复杂性。而这种情况，又是与社会主义物质生产力的不平衡与多层次性相适应的。

全民所有制与集体所有制是社会主义公有制的两种基本形式。在不发达社会主义阶段，社会主义公有制的两种基本形式将长期并存。在社会主义公有制体系中，全民所有制处于主导地位，是社会主义公有制的核心和基础。只有坚持和发展全民所有制，才能巩固社会主义经济制度，保证社会主义社会物质生产力获得最迅速的发展。但是，在不发达的社会主义阶段，甚至在发达的社会主义阶段，社会主义所有制还不可能表现为单一的全民所有制，集体所有制还将是公有制结构中的重要组成部分。集体所有制是以手工工具和初步的机械化为技术基础的所有制形式，它与社会主义社会生产力的低级层次和中级层次相适应。它在这些生产领域内，具有很大的优越性和旺盛的生命力，是不可替代的所有制形式。社会主义物质技术基础的发展壮大是一个受物质生产力的发展规律制约的自然历史过程，人们不可能随意地逾越它在这一发展中所要经过的一系列阶段。特别是在不发达的社会主义国家，把城乡集体经济由手工工具和一般的机器生产跨越到现代化的机器大生产的技术基础上来，使它具有社会主义社会高层次生产力的水平，还需要经历很长的发展时期，这就决定了集体所有制对生产力的长期适应性。一般来说，社会主义国家的物质生产力水平越低，集体所有制存在的时间就越长，它在实现劳动力与生产资料相结合、进一步发展社会主义生产中，将长期地发挥重要作用。可见，社会主义集体所有制的存在具有长期性，它是社会主义公有制体系中具有稳定性的构成因素。这就决定了全民所有制与集体所有制的长期并存，具有不以人们意志为转移的历史必然性。

社会主义公有制，不仅仅限于全民所有制与集体所有制这两种形式。实践表明，随着社会主义生产社会化与经济联合化的发展，在所有制领域出现了一种由全民和集体两种所有制相结合而形成的混合所有制或联合所有制。我国各地出现的农工商联合体，其中许多就是属于这种联合所有制。联合所有制是社会主义公有制的新形式，它的产生绝不是偶然的。众所周知，物质生产力的发展会引起劳动方式即生产组织形式的变化，如小规模的联合劳动变成大规模的联合劳动、小规模的劳动分工协作变成社会范围内的劳动分工协作、小企业变成联合大企业——托拉斯。社会主义社会生产力的发展，必然会引起上述生产组织形式的变化，出现新的生产经营形式，既会出现生产领域的联合企业，也会出现流通领域的联合企业，或是包括生产与流通领域的联合企业。生产组织形式和生产经营形式的变化，并不就是所有制的变化，但是它在一定条件下，也会带来所有制关系的相应变化。因为生产与经营的联合，必然会产生资金的联合，原来独立的企业资金，比如分别归全民所有制或集体所有制的资金就会逐步地变成联合的社会资金。生产与经营的联合会引起生产资料的集中，原来归各个企业分散使用的生产资料，现在合并起来集中使用，实际上产生了一个新的经济范畴：联合生产资金。尽管在经济联合的初期，所有制不变，不同单位的资金合在一起使用仍是各记各的账，所有权不变，但是随着经济联合的巩固和发展，这种联合资金在其管理方式、运用方式、实现方式上都将表现出与原单位企业资金不同的特点，从而逐步产生新型的联合资金这一经济范畴。在联合体是由全民所有制企业和集体所有制企业组成的场合，这一联合资金将具有全民所有制与集体所有制的特点，它意味着生产资料的进一步社会化。这也表明，经济联合体的长期发展终将引起所有制的某些变化。联合还会引起劳动的变化，原来的全民所有制企业全民范围内的社会劳动和集体单位集体范围内的社会劳动，现在表现为联合体范围内的社会劳动，这就进一步推动了劳动的社会化。就分配关系来看，在联合之初分配方式不变，全民所有制企业仍然由国家支付工资，集体企业仍然按原来的办法支付劳动报酬。由于进入联合体的集体所有制职工从联合企业收益中得到比原先更多的报酬，而这一增长的劳动报酬有一部分来自整个联合体的联合劳动，这就表明按劳分配也要受较大范围的联合劳动成果的影响。随着联合体的进一步巩固和向高级形式发展，联合体内部的劳动报酬标准将趋向于统一化，这就意味着分配的社会化。可见，经济联合的长期发展，会引起生产资料、劳动和分配的进一步社会化，意味着一种新型的所有制——全民所有制和集体所有制混合生产的社会主义公有制的逐步产生。

联合所有制这种新型的公有制形式具有下述特点：①生产资料进一步社会化。经济联合体直接支配、使用的生产资料规模更大，联合化的生产资料本身就是社会化的生产资料。②产品占有进一步社会化。经济联合大大地提高了生产力，不仅壮大了全民所有制经济，而且壮大了集体所有制经济。在这种情况下，联合体上缴给国家的税利将比过去多。原来集体所有制企业的剩余产品归集体所有制企业占有，现在通过转变为联合所有制，原来集体企业占有的剩余产品绝大部分直接归联合企业占有，并通过上缴转归国家集中使用，这就表明这种经济联合体的社会占有的因素不是削弱了，而是进一步扩大了。可见，不能简单地认为全民所有制企业与集体所有制企业的联合会冲淡与削弱全民所有制，恰恰相反，它会进一步壮大全民所有制。③联合会引起经营管理形式的变化，并促使社会占有的直接性进一步发展。参加联合体的各个单位，必须在生产和经营方面享有相应的权利，这就有必要采取新的组织管理形式，如实行股份制。联合体不一定采取国家所有制，而可以实行自负盈亏，实行民主选举与国家委派相结合。它促使一种新的管理形式产生，使企业的职工享有更充分的管理生产的权利，也意味着社会主义占有的直接性的加强。

为了保证联合所有制的社会主义性质，必须正确处理一系列经济关系，如收入分配上国家集中与企业留用的关系、企业自有资金中用于生产与用于消费的关系、自有消费基金中用于补充劳动报酬与用于集体福利的关系，等等。因而必须采取正确的措施来保证联合所有制的社会公有性质与经济的全面社会化。要按照生产关系必须适合生产力性质规律的要求来健全与完善联合所有制；要从实际出发，采取多样化的联合形式，正确处理好各个方面的利益关系，特别要处理好国家、企业、个人之间，全民与集体之间，社会公共占有与企业局部占有之间的关系。

总之，联合所有制是社会主义生产社会化与联合化发展进程的必然产物，是有发展前途的新的公有制形式。在大力加强全民所有制与集体所有制这两种公有制基本形式的同时，稳妥而积极地发展与完善社会主义联合所有制，将有力地推动社会主义联合化的进程，促进不同地区、不同部门的企业的共同发展和社会主义经济的高涨。

基于上述认识，在建立与完善社会主义所有制结构时，不能在公有制内部搞“一刀切”，即一味地追求单一全民所有制结构，也不能只允许建立由全民所有制和集体所有制组成的双重公有制模式结构，而应该容许在某些范围内的联合所有制的存在和发展。社会主义国家应该根据各自的国情，同时结合国土面积、自然条件、经济条件、人口数量及增长率、待业人口状况、全民所有制经济的扩大再生产能力等因素，来确定全民所有制、集体所有制和其他公有制形式的相互关系及其合理比例，确立最优的社会主义公有制结构。最重要的是，要在坚持全民所有制经济主导地位的前提下，确定与建立全民所有制与集体所有制之间的最优比例和结构，这样才能使社会主义生产关系有更充分的适应性，从而为生产力发展开辟更广阔的道路。

3. 社会主义公有制内部的多层次性

社会主义公有制内部的多层次性，是不发达社会主义公有制不成熟性的另一表现。社会主义公有制内部的多层次性概念，既可用以表现社会主义全民所有制与集体所有制存在的内在层次结构，也可用以表现社会主义联合所有制的内在层次结构。

公有制内部的多层次性，不同于公有制形式的多样性，更不同于所有制的多元性。公有制形式的多样性，是指社会主义公有制在性质上有重大差别的多种具体形式，如全民所有制、集体所有制以及联合所有制，它们是社会主义公有制内部的属于部分质变的重要阶梯。社会主义社会所有制的多元性是指社会主义社会存在着根本性质不同的所有制，既有公有制又有私有制的残余。而公有制内部的多层次性，是指公有制内部存在着属于部分质变的若干小环节或若干阶梯，它们没有根本性质的差别，只是公有化程度不同。就全民所有制来说，社会主义的国有企业在法权规定上，都属于全民所有制。尽管国有企业可以根据企业的具体条件，采取多种经营管理形式，但这些经营管理形式上的差别，不会改变国有企业的全民所有制的根本性质。此外，也必须看到，如果从现实的占有关系出发，即从生产资料的支配、使用状况，产品的支配、使用状况和利润上缴的状况等方面来进行研究，那么，管理形式不同的全民所有制企业，实际上存在着公有化程度高低不同的差别，从而使全民所有制体系表现出占有的全民性从高到低的阶梯状与多层次。例如，国有企业经济责任制采取利润分成、利润包干、一般盈亏责任制、国家征税自负盈亏、集体承包、个人承包等多种形式。这些责任制形式并不改变企业的全民所有制的根本性质，但是如果就剩余产品在国家、企业集体、个人之间的分配与占有关系来看，上述不同经营管理形式实际上体现了社会公共占有性程度不同的几个小阶梯。由于全民所有制企业包括许多不同的产业部门，它们的物质技术条件、自然条件、经济条件有差别，同一生产部门的企业的具体状况也不一样，因而完善的社会主义国民经济管理体制，应该在经济上适当地承认全民所有制体系内部的这种社会占有性上的程度差别。只有这样，才能有效地调动企业与职工的积极性，特别是有利于克服"大锅饭"和平均主义。可见，社会主义全民所有制内部的层次性，是必要且合理的。

社会主义公有制内部的多层次性，在集体所有制领域表现得最为鲜明。社会主义集体所有制的合作经济一旦产生，它的形式不可能是整齐划一的，而是具有公有化程度高低不同的多种形式，如互助组、初级社、高级社等。社会主义国家在合作化过程中，由于各地区的具体条件的差异，合作化必然有先有后，进度不可能一样。我国在推进农业合作化过程中，根据毛泽东提出的"积极领导、逐步前进"的方针，采取了从社会主义萌芽性质的互助组，到半社会主义性质的初级社，再到社会主义性质的高级社这种循序渐进、逐步登楼的方式，实际上就是由集体所有制的最低层次逐步向较高层次递进，从而使农业社会主义的改造顺利地向前发展。

在生产资料私有制的社会主义改造取得基本胜利后，就一个社会主义国家来说，各领域、各地区的集体所有制合作经济，仍然会存在着公有化程度高低不同的多种形式，这是由社会多层次的生产力所决定的。就农村集体所有制来说，如在农业物质技术基础较强、农业机械化程度和劳动生产率较高的地方，为适应有效地运用社会化的生产资料（农业机器与现代技术）和在较大范围内直接组织集体劳动即实行劳动社会化的需要，可以实行在较大范围内统一核算、集体化程度较高的合作社。而在农业物质技术基础较低，主要依靠手工工具、手工劳动、畜力动力，农业劳动生产率较低的地方，由于生产资料社会化程度较低，以及由此决定的劳动社会化程度较低，这就要求把直接组织集体劳动限制在较狭窄的范围内，因而只能实行在较小范围内统一核算、公有化程度较低的合作社。至于在那些经济条件与自然条件都很差、农业物质技术极为低下、工业性的农业生产资料十分薄弱、劳动社会化物质基础缺乏的地方，直接组织集体劳动就有很大的局限性，分户或个人分散劳动要占据部分甚至主要的地位，这就决定了要实行某种不成熟的集体所有制。可见，就公有化程度来看，农村集体所有制的合作经济也是具有多层次性的，这是由农村各地区、农业内部各个部门生产力的不平衡所决定的。从各个地区生产力的具体水平与状况出发，采取多层次形式的集体所有制，即按照公有化程度的一系列阶梯和层次，具体问题具体分析，才能使农村集体经济组织在所有制形式上不拘一格、保持充分的灵活性，才能使各种集体所有制形式对于相应层次的生产力表现出贴切的适应性，才能保证劳动者与生产资料最有效地结合以进行物质生产，才能使社会主义集体所有制最充分地适应生产力的性质。反之，如果不顾现实的物质生产力的差别，从主观意愿出发，强制推行某种单一的集体所有制的模式，就会出现所有制或是超越，或是落后于生产力的状况，从而对生产力产生破坏作用。我国农村集体经济几起几落的正反两方面经验充分证明：对于一个不发达的社会主义国家，只有基于本国的国情，在发展集体所有制经济中采取灵活的政策，保持集体所有制的多层次性，建立起一个集体所有制内部的合理的层次结构，才能真正地做到使社会主义集体所有制形式最充分地适应生产力的性质，有力地促进农业生产力顺利、持续发展。

综上所述，基于不发达社会主义所固有的公有制形式的多样性与公有制内部的多层次性，人们必须根据本国的具体国情，正确地规划与确定社会的公有制结构和各类公有制形式内部的最优的层次结构，以保证生产关系充分地适应生产力的性质。这是促使社会主义经济不断发展的经济前提。

4. 所有制的改革，要坚持公有制为主体和着眼于公有制的完善

我国所有制的改革，必须坚持公有制的主体地位。就宏观来说，是在坚持社会主义公有制为主体的前提下来调整所有制结构；就微观来说，是在坚持社会主义全民所有制性质的前提下，改进与完善全民所有制的具体形式。此外，还要在坚持全民所有制为主导的前提下，改进与完善集体所有制

形式。因而，这一改革绝不是公有制性质的改变，而是社会主义公有制的完善，是社会主义公有制的优越性真正得到发挥的体现。所以，在进行所有制改革，特别是全民所有制的改革时，必须自始至终坚持公有制的主体地位。

社会主义的本质特征表现为生产资料公有制、有计划的商品经济和按劳分配。不发达的社会主义公有制具有不成熟性，社会公有化还不完全，但是公有制仍然占据主体地位。基于我国社会生产力水平低和生产力发展不平衡的现状，以及根据我国调整产业结构和进一步发展第三产业的要求，我国现阶段社会主义所有制领域中，非社会主义要素还有较为广阔的进一步发展的余地。除了个体经济还需要更大的发展外，对于新产生的一些带有资本占有性的所有制形式，人们还要细心观察、认真研究，探索加以利用的可能性和正确利用的方法，发挥其积极作用，而不能采取简单禁堵的做法。

公有制是社会主义的重要经济基础，发展和壮大公有制经济是建设社会主义固有的要求。但发展公有制经济必须立足于实际，不能超越生产力发展水平，片面追求“一大二公”，实行单一的公有制。这是从我国社会主义建设实践中得出的结论。40多年的改革开放证明，大力发展非公有制经济具有不可替代的积极作用：有利于充分发掘和动员我国庞大的民间生产资源，包括人力、财力、物力、技术、知识等，用于发展生产，促进经济增长；有利于拓宽就业门路，吸纳大量劳动力就业；有利于增加劳动者的收入和国家财政收入；有利于满足人民群众多样化的物质文化需求，方便人民生活；有利于高新技术产业和文化产业发展，更有效地推动知识创新；有利于调动人民群众创业的积极性，使广大人民群众的聪明才智得到充分发挥。在实践中，非公有制经济已成为建设和发展中国特色社会主义的重要力量。

近年来，我国在发展商品生产搞活经济过程中，出现了国有企业的成效不如集体企业、集体企业不如个体的情况，人们由此产生了公有制经济不如私有制经济优越、全民所有制不及集体所有制优越的错觉。基于这些认识，一些同志主张对全民所有制实行企业所有，把社会占有分散化甚至个体化（例如主张国有企业实行不加限制地由私人持股），这些主张是值得商榷的。

社会主义全民所有制的传统模式存在严重弊端，它束缚了生产力的发展。我国正在进行的社会主义全民所有制改革，是一个全新的探索，它牵涉计划、财政、劳动、价格、金融体制的全面改革，远比农村集体所有制模式的改革复杂得多，需要审慎从事，特别是要在总结实践经验中逐步前进，因而不能期望其在短期完成，但是这并不意味着全民所有制本身缺乏优越性。我国国有大型和中型企业，一般是拥有较为强大的物质手段的社会化大生产，这种以现代技术为物质基础的高度社会化大生产，不能长期禁锢于狭窄的私人占有形式之中，也难以在企业集体占有基础上加以有效的组织并充分地发挥其生产效率。生产的社会性要求与之相适应的占有的社会化，这一条马克思主义的基本原理并未过时。进一步完善全民所有制，并有效地发挥其主导作用，才能更好地实现公有制的主体地位，这也是在社会所有制结构中使非社会主义要素的范围拓宽和加以利用的重要前提。

社会主义全民所有制不是只限于某一种模式。世界上不少社会主义国家的实践表明，它不仅有国家所有制形式，也有南斯拉夫的社会所有制形式。社会主义国家所有制也不仅表现为苏联型的国家集占有权、使用权、收益分配权于一身的形式，中国开始在国有经济领域实行国家所有、企业经营的试验初步取得了成效。我国一批小型企业实行国家所有，租赁经营，或是国家所有，集体、个人承包，这些措施在搞活企业方面效果显著。此外，一些全民所有制企业正在进行股份经营的试点工作。因而，我国经济体制改革的实践表明，全民所有制有多种多样的形式可供选择，改革的余地是十分广阔的。所有制改革，其实质是利益关系的调整。传统的国有、国营的全民所有制模式的弊端，是企业缺乏责、权、利，而其关键在于企业的利益未能得到保证。在全民所有制范围内，不应追求模式统一化，而应该坚持多样化，进一步实行多种经营形式的探索。这样，我们完全可以找到适合于各类（大、中、小）企业的，能正确处理好国家、企业、职工利益关系的多样的全民所有制形式。

社会主义社会所有制结构中的非社会主义因素，处在公有制的包围和渗透之中，会逐步地转化为中间性的，即具有不同程度的社会主义性质的所有制形式。而向较为完全的公有制形式转化，是这些中间性所有制发展的趋势。经过社会主义社会更长期的发展，私有制因素逐步退出舞台，所有制的多元性将逐步消失而呈现出多样性的特征。随着社会主义向共产主义过渡，在全社会范围内物质生产力水平均衡化的基础上，社会化程度不同的多样性公有制结构将逐步向较为统一的全社会所有制过渡。这种由多样化向一元化的发展，体现了社会主义所有制发展的辩证法。弄清楚所有制发展变化的长期趋势，将有助于我们在当前的宏观所有制改革中保持清醒的头脑和自觉地坚持以公有制为主体的正确方向。①

经过改革开放实践以及长期的学术讨论，以公有制为主体、多种所有制经济共同发展是我国社会主义初级阶段的一项基本经济制度，逐渐成为共识和事实。党的十五大更是明确提出，要全面认识公有制经济的含义，公有制实现形式可以而且应当多样化。我的这些理论探索所形成的观点，已被此后的改革实践所证明。

三 对社会主义主体产权的理论研究

在我国，产权问题一直是马克思主义政治经济学理论研究的“禁区”。相当长一段时期内，理论界曾有人将产权改革与私有化画等号，流行的观点是“全民所有制的产权是最明晰的”。

我国国有企业的改革是沿着引进市场机制，把企业推向市场的方向开展的。1978年以来在四川等省市进行国有企业改革试点，1984年十二届三中全会出台《中共中央关于经济体制改革的决定》，从此拉开了城市国有企业全面改革的帷幕，大体上经历了三个阶段：①扩权让利；②经营承包，

① 刘诗白：《论宏观的社会主义所有制改革》，《学术月刊》1986年第7期。

两步利改税；③转换企业机制，也就是进行企业的公司化改组。第一、第二阶段是国家与企业在管理方式、分配关系上的局部调整，属于表层的改革。在实行租赁、承包制时，一方面企业独立经营应有的财产权、产益未能到位，企业对搞好生产应承担的责任也不可能确立，企业未能真正活起来。另一方面还出现了大量企业短期行为，如在生产中拼设备，营销中搞“一锤子买卖”，损害消费者利益；在收益分配中多留少交，损害国家利益，等等。我国在20世纪80年代对国有企业进行改革的实践充分表明，要使原有的、高度集中的计划体制下两个眼睛盯住政府的企业转变为围绕市场运作的企业，就需要进行一场深入的、根本性的变革。这不仅仅是在原有企业体制基础上进行某些管理权力的松动、利益关系的调整，如只是赋予企业某些经营自主权、利润留成权等的小改小革，而是要涉及企业的财产制度、组织形式、法人地位的变动等深层次的改革，是一场企业制度的创新。进行产权制度改革，已成为改革向深层发展的固有要求和不可回避的事实。

20世纪80年代初期，国有企业在实行承包制中出现的短期行为促使人们思索更深层次改革的途径。20世纪80年代中期，股份制开始试点，这一新的企业组织形式引起了理论界的关注和热烈讨论。人们看到股份制企业在实行国家所有权和企业法人财产权的分离、企业财产主体多元化以及企业内部所有制与经营者相互制衡等方面所具有的特点、优点和其成为一种社会主义企业新的模式的可能性。

国有企业的调整、重组和做大做强，迫切需要走自主联合之路，而股份化是自主联合的最佳之途。股份制体现了一种利益共享、风险共担的联合投资关系，股份制形式的联合所有制是一种新的社会主义公有制形式，它具有很强的黏合力与渗透力，能把企业所有、个人所有结合起来并纳入社会所有体系之中。股份制实行按股本分红，同量资金投入享有同等利益，有利于调动和处理各类投资者（全民、集体、联合单位、个人以及外资单位）的利益关系，能够更加有效地实现国家利益、集体（企业）利益和个人利益的结合，从而充分地调动劳动者的积极性。

股份化是现代公司制的形式，产权明晰是其特色。股份公司是一种进行资本联合的企业组织形式。股份公司的所有者作为出资人的股东，其财产权不再表现为所有权、支配使用权、收益权、处置权一体化的“全权”结构，而是表现为由所有者行使选择和监督经营者的权利以及收益权、重大处置权，并将资产的实际支配使用权、收益分享权、部分处置权以法人财产权形式赋予企业。股份制是一种所有权与经营权充分分离的复杂的现代企业产权结构。作为一种企业组织形式和企业行使财产权的方式，它本身不存在固定的所有制属性，因而，人们也就能将它作为一种有效组织微观生产单位的方法和工具，使其为发展社会主义市场经济服务。经过公司制改组的国有企业不仅仅构建了自身的独立的财产权，而且拥有明晰和硬化的法定财产权，企业就真正成了财产权主体和独立营运的市场主体。

自1992年党的十四大明确经济体制改革的目标为建立社会主义市场经济体制，到1993年十四届三中全会明确企业改革的目标是建立“产权清晰、权责明确、政企分开、管理科学”的现代企业制度，再到1997年十五大明确提出“股份制是现代企业的一种资本组织形式，有利于所有权和经营权的分离”，并提出要对国有大中型企业实行规范的公司制改革等，明确了国有企业要走股份制改革之路，并指出了股份制企业产权制度的基本架构，为学术界进行产权的理论研究创造了良好的氛围。

我从1980年开始研究和发表有关国有企业实行自负盈亏的论文，此后发表了一系列有关国有企业进行产权制度改革的论文，对过去理论界认为“离经叛道”的产权问题，进行了不懈的理论探索。1988年我在《经济研究》第3期、第9期发表《社会主义商品经济与企业产权》《论产权构建》两篇文章。此后，发表的论述国有企业产权改革的论文总共有40余篇。1993年和1998年分别出版了《产权新论》和《主体产权论》两本专著，致力于用马克思主义理论来分析论述社会主义产权制度，对社会主义市场经济体制下的产权进行了系统化的理论阐述。1994年，时任国务院副总理朱镕基来到成都，我将《产权新论》送给了他。

我在产权理论方面提出了“坚持公有制的产权主体”这一观点，我的产权理论研究力求以马克思主义产权学说为指导，适当汲取西方产权研究的成果，从中国实际出发，进行大胆的理论创新，由此构造一个马克思主义的产权经济学理论框架。产权是我有关经济体制改革研究中着力最多的论题之一。

1. 我的产权理论研究方法是基于剖析财产权具体结构的方法

对财产权的研究，从财产权简单公式开始，财产权=产权主体+主体实行占有的权能，即P=A+B。基于上述公式，产权理论首先要阐明主体的差别、占有对象和占有权能的差别。就主体来说，要分析它是所有者还是所有者的代理人或实际支配者：就所有者来说，要分析是什么性质的所有者；就代理人或实际支配者来说，要分析是什么性质的代理人和实际支配者，等等。就主体实行占有的权能来说，首先要分析占有对象的性质、内容，是物或人，或权利凭证，等等；其次要分析占有权的性质、内容，例如，是完全的所有权、两权相分离的所有权还是非所有的实际支配权等，即占有什么和拥有什么样的占有权。

基于上述财产权具体结构的分析方法，历史上财产权的分类首先着眼于主体的性质，可以归结为氏族（部落）财产权、家族财产权、个人（家庭）财产权、宗祠财产权、村社财产权、公司财产权、合作社财产权、社团（非营利的）财产权、国家财产权，等等。其次着眼于客体及占有对象的性质和特点，可以归结为：第一，物质形式财产权和价值形式财产权。前者是土地、货币（实物）、人身等财产权；后者是证券（票据）、货币（纸币）、知识等财产权。第二，有形的财产权和无形的财产权。前者是指一切有形的（包括物质形态和价值形态）对象占有权，后者是指无形的对象占有权，例如，企业的商誉是企业已建立起来的各种关联及其带来的利益，具有价值增值能力，是一项无形的资产。第三，动产财产权和不动产财产权。一般商品、货币、证券等形式的财产权是动产财产权，房屋、土地等是不动产财产权。第四，有形动产财产权和无形动产财产权。财产权不仅表现为有形动产财产权，还表为无形动产财产权。例如，债权是债权人根据缔结的债务契约而拥有的到期获得一定货币支付的权利，债权契约使债权人的一定的实物或货币转让给债务人支配，而债权人则拥有一个在未来取得一定货币支付的权利，后者是一种无形动产财产权。最后着眼于财产权的具体内容和结构，可以归结为：第一，所有权、使用权、经营权、收益权、转让权、租赁权、抵押权、股权、债权等产权类别。社会经济越发达，生产的组织方式、交易经营方式、消费方式以及个人生活方式越多样化，财产关系就越复杂，而主体的财产权内容和形式也就越丰富，市场经济制度下民法中所涉及的具体的财产权概念更是远远超过上述的财产类别。财产权具体内容众多，并非说每一主体都拥有和行使各种财产权，实际上主体因其性质可以拥有某一项财产权，也可以拥有若干项财产权。例如，一个企业可以拥有企业所有权，也可以因出借资本给他人而拥有债权，还可以因出资买股份而拥有股权。第二，所有权与实际支配权相统一的财产权和二者相分离的财产权。前者是所有权、支配（使用）权、收益独占权（剩余价值索取权）、处置权集中于主体一身；后者是公司所有者掌握终极所有权、收益权、关键处置实际支配者或代理人、经营者等非所有者拥有的实物财产支配权和部分其他财产。在现代市场经济中，一方面存在着多样两权相统一的财产权具体结构；另一方面财产权两权相分离发展得登峰造极，表现为极其复杂而多样的形式，如租赁、承包制、委托制、股份公司制等。

土地财产权在现代市场经济中，也是这样的一种重新配置和组合的权利束。土地作为主体财产权，例如，作为农场主的土地财产权，不仅包括占有一定面积的土地，还包括占有一定的土壤厚度；作为房地产商的土地财产权，包括其可用来修建房屋的高度；作为石油企业主的土地财产权，包括其可以用来进行钻探和采掘的深度。可见，土地财产权包括面积和高度（及深度），土地以容积的形式表现，即三维土地。三维土地的具体内涵和限度则是由各国的法律来加以规定的。例如，英国法律将土地所有权规定为地上无限高，地下至地球中心。一些国家如我国的法律规定，地下的矿藏不属于土地所有者（如农村集体）或占有者（如建房者）而属于国家。对于城市土地，各国多半以法规限制所有者占有土地的高度，以维护城市建筑规划和保障公共航道。

可见，一切财产权均是一个若干权利的组合，即权利束。财产权的性质体现在有血有肉的财产权具体形式和结构中，离开了具体结构的分析，财产权的性质也难以得到切实的说明。特别是现代财产权表现为多样而复杂的主体权利的组合，更需要对其具体结构和组合方式进行分析，才能揭示各种财产权组合的特点及其功能。

基于我们对财产权的可选择、可塑造性及产权的工具与手段的性质的阐述，产权经济学应把财产权的具体结构（财产权利组合）作为重要研究对象，揭示主体各种财产权利结构为适应经济发展需要而发生分化、重组，即进行整合与再整合的规律。

在公有制为主体的社会主义市场体制制度框架下，只有恰当而合理地配置和组合财产权能，才能发挥各种市场主体的自主行为，润滑和保证国民经济的顺利、健康运行。因而，深入开展对产权具体结构的研究，揭示财产权能分化、优化组合的规律，是十分必要的。

2. 我研究产权问题是基于马克思对财产权具体形式的深入分析

在我国有关产权的讨论中，学界存在着一种疑虑，即认为财产权一词是西方经济学或法学使用的概念，而马克思主义研究使用的是所有制概念，不少同志由此产生了使用财产权概念进行财产权分析，就是采用西方经济学的理论和研究方法的模糊思想和疑虑。当然，我国对财产权进行经济学的研究始于实行改革开放的20世纪80年代。产权研究对不少学者来说，还是十分陌生的，存在这种模糊认识是不足为奇的。在产权研究中存在着大量照搬西方产权理论的偏向。但是把产权概念和产权研究视为西方的学术思想，认为它与马克思主义不相干的看法，是完全没有根据的。其理由如下：

（1）马克思对历史上财产权具体形式的分析

马克思经济学中大量使用产权范畴，德文是Eigentum。马克思著作的中译本中，这个词在不同书中被译为所有制、财产、财产所有权。我个人认为马克思著作中译文（包括《资本论》译文）使用“所有制”一词并不是在所有场合都是准确的，在有些场合应译为“财产”或“财产权”。但需要指出的是，马克思在分析历史上的财产占有关系时，不是首先给出一个抽象的定义，而是从分析各种主体的具体财产关系出发，并且根据主体财产权的具体状况，分别使用所有、占有、所有权、名义上的所有权、财产支配权、小财产、大财产、公社财产、国有财产、土地财产等概念。马克思实际上是从主体的性质、占有权能的性质、占有对象的性质来对历史上多种多样的主体财产权进行分析和阐述。

马克思对历史上财产权具体形式的卓越分析，集中体现在《政治经济学批判》（1857—1858年草稿）的“资本主义生产以前的各种形式”这一章中。在这一草稿中，马克思将其分析对象确定于历史上早期的，即原始的、古代的和中古的土地财产上，他指出土地财产有三种形式：第一种是亚细亚的土地财产；第二种是古希腊罗马的土地财产；第三种是日耳曼的土地财产。马克思认为土地财产的具体结构与形式因适应各种主体自身的制度和客观自然的条件而有所不同，会“在地域上、历史上等发生一些重要变化——是原始部落更为动荡的历史生活、各种遭遇以及变化的产物”[①]。因而，马克思并不是一般地分析共同体财产，而是分析亚细亚的共同体财产制度（结构）；不是一般地分析古代即奴隶社会财产，而是分析古希腊、罗马的财产制度；不是一般地分析中古封建土地财产，而是分析日耳曼的土地财产制度。可见，对在历史、经济、自然地理等条件下产生的主体财产权形式，即财产权的具体结构和

① 马克思、恩格斯：《马克思恩格斯全集》第四十六卷上册，人民出版社，1979年，第474页。

特点的分析，是马克思对产权分析的出发点。

（2）马克思从所有权、实际占有权等权利的不同组合的角度来分析财产权

马克思对亚细亚的土地财产的分析是十分精湛的，他从所有权与实际占有权、经济上的财产所有权与法律上的财产占有权、实际占有权和终极占有权等权利的区别与联系上来分析古代东方专制政府支配的土地财产权。

首先，马克思把占有权和所有权相区别。他指出，某些情况下实际占有者或长期世袭占有者、私人占有者，并不是所有者。“在亚细亚的（至少是占优势的）形式中，不存在个人所有，只有个人占有；公社是真正的实际所有者”。

其次，马克思把基本生产单位的实际占有权和更高的所有权相区别。他指出由于古代东方专制国家的存在和对基层的共同体或公社的统治，在这种亚细亚土地公社中，“凌驾于所有这一切小的共同体之上的总合的统一体表现为更高的所有者或唯一的所有者，实际的公社却只不过表现为世袭的占有者。因为这种统一体是实际的所有者，并且是公共财产的真正前提。”[①]

马克思指出，在古代东方，公社财产最终归属于公社之上的专制国家。他说：“公社的一部分剩余劳动属于作为个人而存在的更高的共同体，而这种剩余劳动既表现在贡赋等形式上……”可见，这里马克思实际上指出了更高的、唯一的，即终极所有权的概念，并把它和实际占有权相区分。

① 马克思、恩格斯：《马克思恩格斯全集》第四十六卷上册，人民出版社，1979年，第473页。

马克思把实际经济的所有权与取得法律形式的所有权区分开来。他指出：古亚细亚公社拥有实际的世袭的占有权，“人类素朴天真地把土地看作共同体的财产”“这种部落的或公社的财产事实上是作为基础而存在的。”但是“从法律上看似乎并不存在财产”[①]。

马克思还将亚细亚部落公社拥有的不具有法定所有权而只是实行长期、世袭实际占有权的土地称为“间接的财产”。

马克思对第二种土地财产，即希腊、罗马古代城邦制下的土地财产和日耳曼人的土地财产进行了分析。他指出古罗马城邦国家的公社已经是由“自由和平等的私有者”组成，这些取得公社成员身份的农民是“小块土地的所有者”。马克思引证尼布尔的《罗马史》，指出罗马公民拥有立法赋予的“土地所有权”或“世袭的土地占有权”。此外，马克思又论述了古代罗马社会与私人土地财产相分离但又并存的是公社土地财产，“一部分土地留给公社本身支配，而不是由公社成员支配，这就是各种不同形式的公有地；另一部分则被分割，而每一小块土地由于是一个罗马人的私有财产，是他的领地，是实验场中属于他的一份”。

马克思分析了中古的日耳曼人的土地财产。在那里一方面存在日耳曼人私有土地财产；另一方面存在作为公社成员个人财产（土地）的“补充”和“附属物”的公有地，或公社土地，如猎场、牧场、采樵地等，公社成员拥有这些土地财产的平等支配权。马克思指出，公有地即“实际上是个人

---

① 马克思、恩格斯：《马克思恩格斯全集》第四十六卷上册，人民出版社，1979年，第472页。

所有者的公共财产”。

从以上的引述中，我们可以看见马克思通过揭示历史上土地的产权主体的性质和特点、支配权的具体内涵和特点区分了三种土地财产形式，他实际上使用了土地财产权结构的分析方法。

（3）马克思采用从劳动方式和经济组织形式决定财产权结构的分析方法

马克思把主体财产权作为劳动方式的必然形式和产物，也就是说有什么样的劳动、生产组织，就会有与之相适应的财产权形式。马克思对亚细亚土地财产形式的分析是立足于他对亚细亚生产（劳动）方式的阐述，即原始的部落共同体，实行“一个小公社范围内手工业与农业相结合”，采取共同劳动和利用公共灌溉的农耕方式。马克思指出，在东方国家，水利灌溉农业在部落公社的生产和再生产中起着特殊的作用，这种水利灌溉和交通往往是专制国家的一项职能，“表现为更高的统一体，即高居于各个小公社之上的专制政府的事业”。正是这样的生产（劳动）方式和经济组织形式决定了亚细亚土地财产结构的产生，后者的特征是：处于基层的小公社的土地所有权和公社成员的实际占有权以及凌驾于公社之上的国王的法律上的所有权的财产结构。

马克思基于希腊罗马的以城市为中心的经济结构和城市公社独立的小农家庭副业以及独立的手工业的生产（劳动）方式，阐述了自由农民私有制和公社公有土地并存的财产结构。马克思基于中世纪日耳曼人以乡村为中心的农业经济结构和独立小农家庭经济的劳动方式，论述了日耳曼人那种较为独立的小农家庭私有土地产权形式以及同时存在的、作为这种农民私有土地产权的补充的公有土地产权。马克思使用劳动方式和经济组织形式决定财产结构的分析方法，把握住了财产权形式产生的经济依据和历史变化的动因。

综上所述，我认为马克思不仅开创了对财产关系和财产权的制度性质的研究，而且开创了对历史上财产关系和财产权的具体结构的研究，形成了有关财产权的系统的理论和科学的方法。他有关财产权的博大精深的思想还有待于我们去发掘。当然，由于当时的历史条件和19世纪西欧的具体形势，马克思主义经济学的主要任务是进行宏观财产权制度的分析，特别是阐明财产权基本制度演变的规律。因此，马克思未对历史上的财产权，特别是未对市场经济中多种多样的微观财产权形态充分展开阐述，就不足为奇了。但是他创立的有关财产权的马克思主义理论和方法仍然是我们今天从事产权研究的科学指南。

3. 要构建有充分自主权的法人财产制度，有序地推进经济领域各类主体财产权的构建

市场经济的经济体制结构包括市场主体结构、市场体系结构、宏观调控结构。构建社会主义市场经济体制，要从构建市场主体结构着手，为此要进行市场主体财产权构建。

主体财产权构建，主要指的是赋予参与市场生产与交换的企业、农民家庭、从业人员（包括自由职业者）应有的和法定的独立支配使用生产要素和资产的财产权，并使其享有产益，成为拥有权、利、责的经济实体和市场主体。

我国传统经济体制下表现在企业层面上的根本问题是：政府把资产所有权、经营权、收益权、处置权集于一身，即实行“大一统”的国有制，作为生产活动的直接组织者的企业则没有应有的资产支配权和收益占有权，由此成为行政附属物和按指令办事的车间。没有对生产要素与资产的支配权，企业就不能自行掌握人、财、物、产、供、销，也就不可能有生产自主性。特别是没有收益占有权、分配权，企业丧失了经济利益激励，就不可能调动职工的积极性。同时，收益占有权的丧失，意味着企业不能进行资金自我积累，也不可能形成自我发展，而没有自身的财产权，不享有产益，企业自然地也就不为它的生产活动承担责任。

一个没有自身的财产权、不享有产益、不为自身活动承担经济责任的微观生产组织，不可能发挥出有效聚合生产要素、组织好生产活动、安排好生产成果分配的功能，更不可能形成对市场做出灵敏、迅速反应且“围绕着市场团团转”的企业行为。我国传统经济体制下国有企业在生产上之所以存在照章办事、消极被动、活力缺乏、效率低下的状况，正如人们所说：成为由政府拨动的算盘珠子，其根本和深层的原因是这种国家拥有全权而企业“无权”的产权制度。上述情况也表明，我国的国有企业改革，必须走构建企业主体财产权之路，更确切地说，走一条赋予和构建企业财产权、使企业成为真正的市场主体之路。

中国40多年的经济体制改革，可以说是围绕“搞活”直接组织生产的微观组织（包括企业、家庭、个人）来开展的。经济体制改革的序幕始于1978年的农村。农村家庭承包制，实行“保证上缴国家的，留够集体的，其余都是自己的”体制，实质上是实行土地的所有权和经营权相分离，在土地集体所有制不变的条件下，将经营权赋予承包农户，也就是构建农户主体土地财产权。我国国有企业的改革，经过了“扩权让利”“经营、承包”“两步利改税”等表层性改革阶段，而进入深层次，即公司制改组。这一被称为“转换企业机制”改革的内容就是实行所有权与经营权两权分离，在国有制不变的条件下，把充分的经营权赋予企业，从而保证企业主体财产权的构建。此外，20世纪80年代初以来的城乡改革，包括集体企业从大集体中放开，乡镇企业的产生以及个体、私营企业的发展等，也是劳动者、私有业主和集体等不同性质主体财产权构建的具体形式。可见，从微观生产组织财产权的角度进行考察，我们可以厘清我国40多年经济体制改革过程中贯穿着的微观单位主体财产权构建的脉络。

如果把考察的视野放宽，我们还将看到我国逐步实施和硬化的知识产权以及允许科技劳动入股，赋予和保障了科技人员的财产权；实行住房商品化后居民拥有了房产权以及土地使用权和从事住房抵押、租赁、出售等权利，特别是物权法的实施赋予和保障了居民生活中广泛的个人财产权。可见，我国体制的改革和创新，为广大人民群众带来了看得见摸得着的丰富而多彩的主体财产权。上述情况更加表明我国经济体制改革在微观层面上带有的主体财产权构建的性质。

4. 要在社会主义制度下构建公有主体财产权

我国社会主义经济以公有制为主体、国有制经济为主导，这就要求国有企业的产权制度改革既要使企业成为拥有充分财产权的市场主体，同时又要保障企业的国有制性质。实践证明，中国通过积极、勇敢的改革实践探索和理论创新，确定了把股份制作为国有企业改革的主要方向，立足于我国实际和发展公有制的要求来进行国有企业的股份制改造，找到了一条通过股份制来构建企业产权主体，同时又保持企业国有制性质不变的正确的企业产权改革之路。

国有企业的改革肇始于1979年成渝两地，20世纪80年代以来在实践探索中逐步向前发展，其发展过程中一些企业的短期行为，促使人们把企业改革推至深层次，这就是20世纪80年代中期以来不少地方国有企业进行以建立现代企业制度为目标的股份制改革的原因和客观依据。我国国有企业改革发展进程表明，进行产权制度改革，是社会主义市场经济改革向深层发展的固有要求和不可回避的过程。正如人们所说：改革深入动产权。

股份公司是一种进行资本联合的企业组织形式。股份制企业拥有保证企业独立自主经营必要的和充分的资产实际支配权、收益分享权、必要处置权的复合权利结构，或权利束，人们称之为法人财产权，在经济学范畴上应称为现代企业经营财产权。拥有法人财产权的企业，是承担民事责任的法人单位。经过公司制改组的国有企业不仅构建了自身的独立的财产权，而且拥有明晰的和硬化的法定财产权，企业真正成了财产权主体和独立营运的市场主体。同时，企业获得收益分享权和产益，意味着生产有了充分的经济利益激励，也有了进行企业积累和自我发展的内在源泉。此外，作为财产权主体的自负盈亏的机制，以及作为法人的承担更多法定社会责任的机制，企业有了多种行为约束。上述明晰而充分的财产权利、产益、产责的结构形成，完成了国有企业的市场主体的塑造。与此同时，第一，在法权上企业的所有者仍然是国家，国家通过有关机构——如国资委——承担和履行出资人职责，不仅履行选择经营者的权力，而且制定国有资本使用和营运的重大方针和基本要求；第二，经营者行为要从属于所有者的意志和要求，他为所有者充当资产委托代理人；第三，出资人通过董事会参与公司治理结构，为使企业活动体现所有者意志提供了制度保障；第四，出资人拥有收益权，享有红利分配权，从而掌握着所有权的最核心部分。

股份制企业的公司治理结构，通过股东会、董事会、监事会和总经理的各司其职和职能制衡机制，形成科学决策和有效管理，使企业创造良好业绩，提升经济效益。而企业业绩，特别是效益，则是所有者核心权益之所在。可见，股份公司制产权结构，将所有权与经营权分离并强化企业经营权，不仅没有削弱所有者权益，恰恰相反，而是更有效地实现所有者权益；而对于那些实行国家控股或单一国有股的股份公司，股份制改组只是体现国有制企业的财产权、益、责具体结构的调整，而不是企业的公有制性质的变化。

我国国有企业产权制度改革不搞“一刀切”，大中型企业主要实行股份制，国有中小企业则根据具体情况，或是采取租赁制、承包制、股份合作制等形式，或是出售给私人。特别是我国将推进国有企业改革与进行国有经济布局结构调整相结合，按照社会主义初级阶段基本经济制度的性质和多种经济成分并行发展的要求，以及按照产品性质——充分竞争性产品、公共产品、社会产品——选择主体财产权形式规律的要求，使国有资本从一些不具有竞争优势的领域退出和向关系国计民生的行业、领域集中，以及向带有公益性的生产领域——如战略性大生产、环保、科技基础设施——倾斜。其结果是：一方面通过结构调整，使企业做大做强，提升了国有企业的活力、竞争力和影响力；另一方面，它带来在广阔的产业领域内对社会资本的“放开”和“准入”，促进了立足于多种经济成分的众多微观生产主体的出现和发展。可见，实行国有企业改革与国有经济布局调整相结合，不仅有效地实现了国有企业主体财产权的构建，而且带来了所有制结构的调整，实现了公有制为主体和多种主体及多种经济成分的共同发展。在公有主体和私有主体并存的基础上，促使主体财产权结构更加多样化，出现了个体、合伙、私营、租佃、承包、合作制、股份制等多种主体财产权形式，它意味着人民群众进行自主创业和社会资本进行自主组合的广阔门路得到开启以及多种性质市场主体参与竞争的活跃的市场经济格局与势态的形成。

国有企业的产权改革，既要进行使企业成为市场主体所必要的财产权的调整，又要细心维护企业的社会主义所有制性质，因此这项改革难度高且充满风险，长期困难重重、裹足不前。1989年后苏联、东欧休克式“私有化”改革，造成了社会主义制度解体，但中国却通过自身敢闯敢干和稳健慎重的实践，走出了一条在公有制基础上进行市场经济的微观产权主体构建的成功之路，由此解决了市场经济与公有制相兼容的“制度转型的难题”，使我国国有企业改革闯过了

“产权关”，而且更重要的是，使明晰和构建主体产权立足于公有制基础之上。应该说，这是中国改革实践中意义最重大、影响最深远的成就。

社会主义产权制度改革，无疑是一项史无前例的新事物，没有成功的经验可以遵循。由于缺乏经验，以及理论认识准备不足，社会主义产权改革在“摸着石头过河”的实践中不可能没有缺陷，也会有这样或那样的失误。如像一些地方在股份制改组中也出现过“化公为私”和国有资产流失、权钱交易、“官商勾结”等现象。但是，这些改革负效应并非纯然由产权改革本身引起，其产生原因主要是企业改革所需要的各种配套改革难以跟上，特别是政府职能转换和民主政治建设滞后，某些改革的具体操作不当也进一步加大了改革顺利推进的困难。尽管有上述问题，但我国产权改革把握了正确的大方向，国有企业产权改革不仅没有改变企业资产的国有制性质，而且使国有企业不断做大做强和国有经济实力持续增强。

5. 要推进和做好新时期的产权制度改革，为进一步发展和完善市场主体结构夯实制度基础

2019年我国进入决胜全面建成小康社会和建设社会主义现代化强国的关键时期。构建社会主义市场经济的经济改革，仍是改革的核心；而进一步深化产权制度改革，仍是经济体制改革中的重头戏。在新时期，为了构建更加完整和完善的社会主义市场体制，我们应该按照党中央的要求，继续推进和进一步做好新一轮的产权制度改革和主体财产权的构建。

（1）深化和全面推进国有企业产权制度改革

我国国有企业已经实行了公司制改造，但是要真正确立现代产权制度，并使之立足于我国国情，还面临着许多挑战。特别要处理好许多企业中存在的“所有者虚置”和“经营者越位”问题，以及近来又有所抬头的政府干预现象。当前，要进一步深化国有企业产权制度的改革，做好和完善法人治理结构，切实落实法人财产权。同时，要大力推进政府的职能转换，切实做好“政企分开”，使企业真正成为独立的产权主体和生气勃勃的市场主体，还要坚持维护企业的国有制性质。

（2）推进全面的主体产权构建

进一步的经济市场化是新时期的特征，为了适应于经济更广泛领域市场化发展的要求，要推进微观单位（以及个人）主体产权的构建。如：当前社会资本不断深入农村，多种多样的新合作制、新股份制、新集体等经济组织形式不断涌现，这就要求理顺产权关系，构建稳定的产权制度，使这些农村经济组织进一步成为拥有凝聚力和内在活力的市场主体；适应于以企业为主体和动员广大科技人员进行科技创新，要大力落实知识产权保护，使新技术、新发明创造者成为能切实享有权益的产权主体；适应于当前文化产业的发展，要大力推进文化体制改革，通过公司制改组和产权制度构建，创造出适应市场的进行文化生产的、充满活力的市场主体，还要认真完善文化、知识产权制度，切实维护独立文化工作者——音乐作曲人，歌词、剧本写作人，等等——以及网络文化创作者的知识产权，由此激励群众性的独立文化生产；适应于社会建设和改革的要求，当前多种多样的提供公益性产品和社会服务的微观单位正在涌现，按照公共产品提供最大化和成本最小化的原则及单位的具体情况，做好产权制度构建；适应于资源节约、环境保护和节能减排的要求，做好自然资源使用中的产权制度安排，也是当前必须做好的新工作。

（3）统筹城乡发展，启动我国第二轮农村改革

土地是农村最重要的生产资源，在市场体制下实行和做好土地经营权的流转，能够在使用价值形态上将零散的“小农地”转变为规模化经营的“大农场”，同时能够在价值形式上将不具有价值的“自然土地”转变为拥有交换价值和能提供级差收益的经济资源，从而有力促进规模化、集约化的现代农业和多样化农村商品经营的发展，增强农村内在积累能力，加快农村公共（居民点、村、镇）建设和社会事业的发展，为我国农民开拓一项财产性收入。因而，按照农村土地集体所有制的性质，根据各地具体情况和农村发展的要求，通过对土地产权流转的全盘科学设计，做好产权流转主体的明晰、主体土地产权的界定以及土地流转市场的构建、土地流转原则的制定，形成农民自主、政府规制的有序的土地产权流转，已成为当前农村产权改革的重中之重。

（4）进行规范化的主体产权制度的建设

新时期的企业、个人以及事业单位的财产权的构建，要着眼于规范化。当前需要进一步确立市场经济中规范化的微观单位（企业以及个人）产权制度，构建和完善有关财产权法律，确立法制界定的主体财产权权限，规制主体行使财产权的行为，建立起对主体的财产权扩张活动的多方面制度约

束，由此来保证立足于主体财产权的市场经济运行的有序和社会生活的有序。

（5）不断完善主体财产权结构，发展和完善社会主义生产关系

可以通过各类公有主体产权结构的完善，来实现公有制的发展和完善。如在国有企业中通过股份制的完善，实行国家控股的多元化股权结构，发展职工持股，特别是做好包括经理人、职工在内的收入分配，纠正一些企业中的经理人索取不合理高薪的现象，使改制后的企业更加体现公有制性质。立足于股份制产权制度的混合所有制，是我国发展社会主义公有制的重要载体，完善股份制产权结构，通过对多种行业的众多股份制企业——包括私人控股企业——渗入国家股，发展混合所有制，可以使这些企业体现公有制属性，实现公有资本与私有资本的“对接”和“共融”。

可见，借助企业主体产权结构的完善，特别是通过股权多元化的主体产权结构的完善，企业内公有股的渗入，国有股权、劳动股权的增强，企业内的“产益”的分配（国民收入初次分配的调整，国家对企业上缴税利即总体的“企业产益”的调整——国民收入再分配），企业就能实现本企业范围内的和国民经济整体范围内的收益分配关系的调整。这种现实的分配关系的调整，由于更充分体现劳动者权益，实际上体现了社会主义生产关系的发展和社会公有制的完善。在社会主义条件下，通过微观组织主体财产权的完善来推进公有制的完善和发展有着很大空间。

我国正在开展的产权制度——企业、科技、文化以及

农村土地产权制度——的改革，一方面，旨在使众多微观单位成为市场主体以增强经济活力；另一方面，我国经济改革的目标是建立社会主义市场经济体制，我国国有经济以及农村经济中市场主体财产权的构建，都必须立足于社会主义所有制的坚持和完善。因此，产权改革要体现所有制的要求，而不能采取财产权“一放了之”的方法，更重要的是要做好企业权、益、责在不同当事人中的配置和组合，特别是在当前农村土地流转中，要切实做好强化“农民私人产权”和维护好“集体公有产权”的结合。我国产权改革面临着许多难关，因而，顺利推进我国新时期产权改革，既要靠大胆而稳健的实践探索，更要深化对社会主义产权的理论研究。

四　有关现代财富与科技创新的理论探索

1776年，英国古典政治经济学家亚当·斯密发表了影响深远的《国民财富的性质和原因的研究》，探讨了工场手工业时代采取商品价值形式的国民财富的生产和分配的规律，论证了劳动是财富的源泉；分工和交易，即市场经济可以极大地增加资本主义的国民财富。自此以后，财富的生产和分配问题成为政治经济学研究的永恒主题。

当今世界正处在一个立足于科技的生产全面发展的时代，需要经济学家广阔的历史与现实的视野，以抓住“财富”这一基本经济范畴为出发点，以“财富创造”这一人类基本的社会实践活动为主体，以科技创新为手段，全力推进我国人民财富丰裕化和分配的公正化，实现我国国强民富、中华民族伟大复兴的目标。为此，对现代财富的性质、结构、源泉和加快财富创造的经济机制、规律，特别是发达市场经济和高科技经济条件下社会财富创造的新情况、新特点，从经济学、社会学角度进行全方位、深层次的理论思考与分析就十分必要。为此，我用了七年的时间完成并于2005年在三联书店出版了学术专著《现代财富论》，主要内容和观点如下：

1. 研究现代财富生产的由来

社会主义的根本任务是大力发展生产力，实现共同富裕。这就要求人们在社会主义建设中，坚持以经济建设为中心，聚精会神做好社会财富的生产，在推进经济丰裕化中相应地和逐步地实现共同富裕化。改革开放以来，我国经济持续地高速增长，国内生产总值由1978年的3624亿元人民币增加到2003年的11.67万亿元人民币，增长32.2倍，人均GDP达到了1000美元。我国在财富快速增长的基础上实现了由温饱到小康的历史性跨越。

我党确立的全面建设小康社会的宏伟目标，要求经济更加发展、民主更加健全、科教更加进步、文化更加繁荣、社会更加和谐、人民生活更加殷实。实现上述要求的物质前提是生产力的提高和财富创造力的增强。中国特色社会主义建设要求人民财富丰裕化推进共同富裕化，实现全面小康要求我们寻找能充分地惠及十多亿人民的经济、社会发展模式。因此，当前我们需要基于对实践经验的总结，进行理论思考，寻找一种“以人为本”和科学发展的最佳的财富生产模式。这是一种立足于中国国情的社会主义的人民财富增长模式，这种模式表现在财富数量的增多，即人均GDP的增多；表现在财富质量的提高，即生产资料和消费品的科技含量及其功效的提高；表现在财富结构的优化，即物质产品、服务产品以及知识文化产品的合理配置和产品的丰富多彩；还表现在财富占有差别的缩小和共同富裕化上。

进入21世纪，我国面临着十分难得的发展的重要战略机遇期，在今后20年内我们需要也有条件争取实现更好的经济发展和更有效的财富创造。我国正在进行社会主义条件下的人民财富最大与最好增值方式的历史性的探索，这项实践探索要求我们对中国今后20年的经济发展进行理性思考和理论创新，认真研究和从理论上弄清立足于当代世界和当代中国、体现全面小康要求的经济发展方式和财富创造方式。为此，我们需要以马克思主义理论为指导，站在时代的高度，以广阔的历史的视野，对财富创造这一人类社会基本实践进行深入的经济学考察：①深入研究现代社会财富的性质、结构、源泉和加快财富创造的经济机制和规律，特别是弄清当代发达市场经济和高科技经济条件下社会财富创造的新情况和新特点；②深入研究当代世界财富分配的新特征和我国社会主义条件下实现财富共同占有与分配的具体形式。以上是我在《现代财富论》一书中研究的主旨。《现代财富论》的第一卷是对现代财富生产的特征及其生产机制的研究。现代财富的分配问题，主要是社会主义条件下财富占有方式和分配问题，我打算放在第二卷中来阐述。

2. 对社会财富的形式和结构的分析

我从当代生产实际出发，分析了社会财富的两大类别——商品财富和非商品财富；阐述了现代财富结构的多样性，指出在发展社会主义生产中人们应该以广阔的眼界来看待财富，要确立全面的财富观，谋求多样财富形式的协调发展和互相促进。

现代财富包括商品财富与非商品财富两大类别。作为政治经济学范畴的财富，它的内涵是生产品拥有的能满足人的需要的有用性。“财富”一词，更准确地说是社会财富一词，其本质规定性是劳动生产物，即劳动财富。

财富在市场经济形态下主要表现为商品财富，但是不属于市场机制的产品性财富也是社会财富的组成部分。在当代发达市场经济中，商品生产成为社会生产的一般形式，商品财富成为占据社会财富统治地位的内容。但是，产品性财富，如基础教育产品、基础文化设施、社会福利、国防产品、生态环境基础设施等仍然是现代社会财富的构成要素。

市场经济中存在着商品性财富生产和产品性财富生产的互促，在资本主义制度下，上述两种财富的互促功能未能得到充分发挥。社会主义市场经济体制的确立，为商品性财富生产和产品性财富生产互促、互动创造了制度基础。搞好两种财富生产的互促、互动，将大大加强社会生产的财富创造力。

财富结构的多样性是我在《现代财富论》中提出的一个重要命题。财富的结构决定于生产力、社会生产的状况和产业结构。当代世界正处在一个社会生产全面发展的时代。

首先，物质生产在高技术基础上迅猛发展；其次，在国民总产值的比重中已成为最大产业的服务业由于信息技术的引进，获得新的发展势头；最后，高技术经济固有的科技创新机制，促进了科学知识产品的扩大再生产。同时，文化消费需求的快速增长推动了文化品、艺术品生产的发展，促使文化产业兴起；由物质生产、服务生产、知识和精神生产三大部门组成的三维产业结构成为现代产业结构的特征；物质产品、服务产品、知识和精神产品等三大类产品已成为现代社会财富的组成要素。就上述三大生产部门来说，它们自身又分化为多种多样的行业、亚行业；就该三大类别的产品来说，每一产品类别又分化为众多的种和更多的亚种、属性……提出财富结构多样性的命题，第一，是为了说明在社会分工规律和机制下，财富生产门类的多样化和社会财富具体形式的日益丰富多彩；第二，是为了指出在当代社会生产已经跨越了主要从事物质生产的时代，进入了三大生产部门并举，以服务生产、精神生产为主导以及服务产品和知识、文化产品成为社会财富的主导形式——书中称为软财富——的时代；第三，是为了指出当代经济发展中出现了物质生产、服务生产、知识生产三大部门的互相促动，特别是知识生产——科学生产和文化生产——对物质生产和服务生产起着强有力的促进作用，而物质生产和服务生产体现在物质生产部门和服务生产部门的技术进步和高技术经济的出现和发展中，也体现在当代文化产业的快速发展中。

社会主义条件下，在进行财富生产时，既要求社会财富量的增大，又要求财富质的提高，即产业升级和高科学含量产品的创造；还要讲求财富结构的优化，在发展物质生产部门的同时，大力发展服务生产部门和知识生产部门。为此，人们应该确立一种全面的财富观念，特别是整体的财富观念。也就是说，要统筹商品财富和产品性财富二者的共同增长，谋求物质财富、服务财富和精神财富三者的结构协调和优化。

3. 对现代社会财富源泉的多样性的论述

在提出社会财富源泉多样性的命题时，我阐述了劳动是社会财富的始源，参与生产过程的工具和自然对象——从广义的土地（地表、地下）到被使用的宇宙——也是财富的源泉；结合人类社会发展中生产方式的演进，论述了劳动力、工具力、管理力、科学力等在财富生产中的作用；基于当代经济走向知识经济的大趋势，着重阐述了科学知识在现代财富创造中的重要作用。

亚当·斯密在《国民财富的性质和原因的研究》一书中，将财富形成归之于劳动，表现出资本主义上升时期资产阶级杰出政治经济学家在经济学分析中敏锐的眼界。马克思基于历史唯物主义的方法论，科学地阐明了劳动是社会财富的本源，是商品价值唯一的源泉。马克思通过对创造产品的劳动过程的分析，阐明了产品及其使用价值是人的劳动、生产工具、劳动对象、厂房、土地等多种参与生产过程的生产要素作用的结果，由此提出财富源泉多样性，劳动并不是它生产的使用价值即物质财富的唯一源泉。

马克思在《资本论》中详尽地分析了19世纪机器大工

业中的劳动过程，论述了机器在提高劳动生产率中的重要作用，特别阐明了不断被应用和转化为更完善的机器和生产工艺的自然科学在创造使用（价值）财富中的重要作用。我将马克思分析使用（价值）财富生产的方法应用于当代，提出如下论述：

简单的物质生产过程是包括劳动力、劳动工具、劳动对象在内的三维要素结构，就机器大工业生产方式来说，物质财富的创造力应该归之于劳动力、工具力、劳动对象力和科学力四要素。在现代发达市场经济和高技术经济的生产过程中，生产要素呈现多维化，除了劳动力、工具力、劳动对象力、科学力以外，管理力、环境力等也成为生产过程的有效因素并对产品使用价值和社会财富的形成发挥着重要作用，可见生产方式进步实现了社会财富新源泉的开发和富源的多样化。

我对人类社会经济发展、生产方式的演进总过程中使用价值财富源泉的被开发和利用的总趋势做出如下归纳："大体说来，由主要依靠人力，到主要依托于工具力，再到主要依托于科学力，体现了人类的财富生产力提高的历史轨迹。"在对人类利用工具力的理论分析中，我提出和依次考察了人类社会的使用财富生产的三种彼此递进的方式：一是用手工工具生产财富；二是用机器生产财富；三是用高技术生产财富。

20世纪70—80年代的信息革命，拉开了用高技术生产使用财富的时代——依靠科学力的时代——的序幕，人类社会已经寻找到一种充分发挥高技术力——最先进的工具力——的新的劳动、生产方式，寻找到使用价值财富生产的最丰饶的和不竭的源泉。

4. 对自然财富在社会财富形成中功能的阐述

自然是财富的重要源泉之一，也是当代经济发展中具有稀缺性的十分珍贵的富源，如何科学有效地利用自然，使它真正成为人类世世代代利用不竭的富源，是当代经济发展中人类面对的和需要加以解决的重大课题。

我将自然财富确立为经济学范畴，提出了自然财富是社会财富生成的物质基础（物质源泉）这一命题，分析了自然财富在创造社会财富、提高劳动生产率、实现经济持续发展中的重要功能。我提出自然财富边际有限性的命题，要求大力寻找和实行节约自然资源的经济模式——生产方式和消费方式——和发展模式，把经济高增长与自然资源节约、环境的维护和优化相结合，把扩大再生产与自然再生产和生态循环相结合，以维持人和自然的协调，实现可持续的发展。

自然财富包括：①自然物质，如土地、河流、森林及其生产物和地下的矿藏；②自然力，包括水力、风力、阳光、核能、宇宙能等；③生态、环境、气候等，它们是用来满足人的生产需要以及消费需要的自然对象和自然生产条件。

自然财富具有重要的经济、社会功能，具体如下：

①自然财富的丰饶有利于提高劳动生产率。自然财富首先表现为资源，它是生产工具和生活资料的来源，因而，自然财富的丰饶，即它的高存量和高质量，成为劳动生产力提高的积极动因。

②良好的自然生态体系是持续再生产的物质前提。自然

财富的内涵，不仅仅指用来作为加工对象的自然资源，还包括由森林、草地、土壤、大气等多种自然物结构组成的生态体系。良好的生态体系是持续生产的自然基础，而实行劫掠和破坏自然的生产方式会造成自然生态恶化，使可供社会生产使用的自然物质与自然力存量缩小。在这种情况下，就会出现社会生产的萎缩，或者社会生产以进一步侵蚀和破坏自然生态条件而强行扩张，导致经济持续发展的自然基础遭受更大破坏。可见，保持良好的自然生态循环，是社会再生产和经济循环顺利进行的前提条件。

③自然生态是人类生活环境的重要因素。优良的自然生态环境是人保持身心健康，改善生活质量和获得生活安康的条件。在社会物质丰裕化进程中，良好的自然生态环境可以提升财富的生活享受效应。

我对自然财富存量的有限性的论题进行了阐述，认为从长期来看，人类可以加以利用的自然财富，不是取之不尽、用之不竭的。对于人类社会发展的一定阶段来说，在特定的生产力水平下，能实际参与财富生产的地球自然资源，总是表现为一个有限的存量。自然物会随着生产中的物质耗费而发生耗损和减少，财富生产与自然物存量耗损的矛盾，就是人类社会生产所固有的一般矛盾。如果人们能采取“善待自然”的生产方式和消费方式，就能在经济发展中保持人与自然的协调；如果人们实行浪费自然的非理性的生产与消费，就会出现人与自然的对抗。

世界工业化、现代化进程中出现的严重的资源、生态环境危机表明经济学的基本理论需要进一步发展，需要确立社会的即期可利用自然是一个有限存量的命题。[①]要根据这一命题，培育和达成珍惜、爱护自然和节约自然资源的观念和共识，用它来指导人类的生产和消费，纠正和改变见惯不惊的浪费自然、破坏环境的人类非理性行为。

自然财富是一个有限存量的命题，是以现有生产力水平不变为前提的。生产力是最活跃的因素，随着社会生产力的提高、开发自然在广度和深度上的发展，可利用的自然财富量也就会相应扩大。基于此，我提出自然财富存量的界限或边界可扩展性的第二个论题。

在社会发展中，人们总是以开发劳动来扩大现实的自然财富；以科技进步来创造人工自然财富，如对原生自然物、环境进行加工、重构，由此形成更肥沃的土地，生产率更高的种子、种畜，更优良、宜人的生态环境——人工自然。合理的生产方式能在消耗自然中维护自然和改造、创新自然，形成人工自然增量。技术进步和生产方式的进步是创造人工自然的物质基础。

人类实行的浪费与破坏自然资源的非理性生产，不仅是物质生产力水平低所导致，而且有其经济制度上的根源。人类社会生产与自然之间物质变换的严重失调，是一定的历史发展阶段的社会经济制度下的产物。后工业社会暴露得越发鲜明和愈演愈烈的世界性的资源、环境和生态“危机”，并不是完全由于生产技术的落后，也不是如西方环保经济学

① 西方经济学家为阐述经济可持续发展的必要性和紧迫性，提出了自然物质存量有限性的论点。但不少西方学者未看见人类变革社会生产方式、实现人与自然协调发展的前景，他们撰写的环境经济学论著中更多地宣示人类社会将因“物质极限”而走向末日。

者戴利所说的由于热力学的能量守恒规律的作用，而是与资本主义私人财产垄断制度和缺乏调控力的、不完善的市场体制、机制密切相关。

在社会主义中国，通过对基本自然财富的私人占有制的废止，通过构建完善的社会主义市场体制，有效地发挥市场机制和政府调控的功能，大力发展先进文化，提倡和塑造节约自然的理性的生活消费方式，特别是努力探索和走出一条物质文明、精神文明、生态文明并举的新工业化、现代化道路，人们就可以逐步做到节约自然和创新自然相结合、低自然耗费和高经济增长相结合、社会财富创造的极大化与持续化相结合。一句话，实行一种理性的、社会与自然相协调的世世代代造福于人民的持续的扩大再生产，是社会主义经济发展的要求。

5. 对当代高技术生产方式的经济分析

《现代财富论》最重要的内容是对当代最新的财富生产方式——我称之为高科技生产方式或高科技经济——进行经济学的理论分析。我认为，高科技经济指的是以信息技术为代表的高技术日益被广泛使用成为新的物质技术基础，并引起生产方式、生产组织发生新变化的社会经济组织形式。

20世纪中叶以来，科学、技术研发在广度和深度上呈现出加快发展的势头。在当前经济发达国家，高科技经济处在向纵深、全面发展的时期，发展中国家也都致力于推动传统工业经济向高科技经济的攀升和追赶。中国正在进行一场和平的经济崛起。为了把握世界高技术经济发展带来的机遇，我们应该在新的工业化中大力发展高新技术，紧跟世界科技创新潮流，加快产业升级，发展壮大自身的高新技术产业，并将其作为桥头堡和制高点，带动工业化和促进现代化，走出一条起点高、增长快、质量好、消耗少、效益大、福利多的新型工业化道路。搞好高科技的发展，是中国经济实现跨越式发展的关键。高科技经济的特征如下：

（1）以高技术为物质基础

高技术源于新兴科学。20世纪初期量子力学基础理论研究取得的进展，引发了20世纪40年代以来卓有成效的半导体物理学的研究。1947年任职于贝尔实验室的肖克利发明半导体晶体管，这是20世纪最重要的技术发明之一。20世纪中叶一连串有关信息的基础科学理论知识（包括数学），特别是应用技术知识的取得和发展，启动了20世纪最后20年的信息革命。美国是这一场信息革命的策源地和中心。1957年仙童半导体公司的诺伊斯——后来的英特尔公司创始人之一——发明了将多个晶体管集成在一片芯片上的集成电路技术。1981年IBM生产出第一台家用电脑，标志着计算技术革命大幕的拉开。此后，20世纪八九十年代微处理器技术、显示技术（屏幕）、软件技术和网络技术等取得快速发展和不断创新。20世纪90年代中期，以因特网为标志的网络技术以及移动通信技术发展尤为迅速。1995年雅虎（Yahoo!）、亚马逊（Amazon）等互联网公司上市，带动了美国网络经济的大发展，1999年创立了几千家网络公司。在信息革命的大背景下，美国出现了从1991年3月至2001年3月历时10年的经济稳定增长。

高科技的另一特征是技术扩散迅速。20世纪80年代以来，计算机在美国迅速地进入各行各业，信息技术一下子成为通用技术，成为社会生产的物质、技术基础。这一最新的技术带来了生产方式、劳动方式、经营方法以及企业组织形式的变化，形成了一个生产多种多样信息产品的新兴信息产业；信息技术作为最强大的研发工具，促进了生物基因、纳米、宇宙航天等领域的科学研究和产品开发，推动了其他高科技产业的出现和发展。信息技术既是生产工具，又是生活手段。第一部家用电脑生产出来后不过20年，发达国家90%的家庭已经使用计算机和网络。而且，智能家用电器快速发展，家庭生活智能化已不再是“科幻”题材，而是现实生活的新趋势。

（2）不断创新的技术

高技术经济的鲜明特征是：不仅技术高，而且，技术进步步伐加快，表现为不断创新的技术。

技术的不断创新性在信息技术的发展中表现得最为鲜明。英特尔公司1978年制造的8086家用电脑机芯片有29000个晶体管，经过80186、80286、80386到奔一至奔四的不断升级换代，当前小指甲大的奔四微处理器已有晶体管3000万个。英特尔创始人之一摩尔，提出了著名的微处理器技术的不断创新的规律，即芯片功能18个月翻一番。

技术不断创新更鲜明地体现在手机上。20世纪90年代中期，手机开始大量进入市场，只经过五六年，原有第一代手机已成为古董，当前拥有多项功能的第三代手机正在日新月异地发展。技术的不断创新也体现在其他高科技产品中，近年来人们可以看到生物基因编码和克隆等生物技术的不断进步，令人鼓舞。技术创新使新产品不断地推向市场。美国20世纪90年代以来每年生产5万多个新产品，在20世纪70年代每年只生产数千种新产品。1990年，产品开发周期平均为35个月，1995年为24个月。高科技产品生命周期也大大缩短，一般为2年左右。

不断创新的技术，使高技术经济成为真正的“不断创新经济”，不断的技术创新和一轮又一轮重大的技术进步，有力地推动着经济和社会的发展，成为现代物质文明、精神文明持续发展的动因。

（3）高增长的企业

高增长是高科技企业和产业的特征。信息产业的快速崛起和一批明星信息企业，如英特尔、微软、摩托罗拉、思科、爱立信、诺基亚等的高增长，是20世纪后20年中发达国家经济发展中最令人瞩目的新现象。20世纪90年代，信息、网络业的一大批新兴公司年销售额保持20%～50%的高增长率，汽车、化工等传统产业望尘莫及。高增长使新兴公司10～20年间迅速壮大成为销售收入达数百亿美元的巨人。

互联网公司的大规模兴起，是20世纪90年代末3年内美国经济的一道耀眼的风景线。2000年美国注册有3000多家网络公司，总就业人数达250万人。网络产业营业收入达5240亿美元，增长率达62%，为美国经济增长率的15倍。高科技企业、投资公司及服务业产业集聚的高科技园的形成，对高科技经济的发展起了重要作用。位于美国加利福尼亚州的硅谷，这一在20世纪50年代由斯坦福大学教务长特曼教授创意建立的有7家公司的工业园，在20世纪80—90

年代迅速发展，成为长60千米、有7000家电子公司、100多万人就业的高科技工业园。在硅谷处于极盛期的2000年，平均每日有一家新公司成立。高科技企业群落不仅促进了高科技企业产业的发展，而且成为拉动国民经济发展的增长极。

2008年世界金融经济危机爆发以来，美国信息公司加快了技术创新的步伐，苹果、微软、谷歌等公司保持着稳定发展。技术创新使公司资产“飚增”，2011年苹果公司资产市值已达4871亿美元的“巨值”，成为世界“最大”企业。2012年第1季度，随着股价突破600美元，苹果公司市值更一度逼近5660亿美元，“跻身”全球第19大“经济体”。苹果公司股票增值的拉动增大了全美股市市值效应。苹果公司单只股票占标准普尔500指数的4.5%。标准普尔的西尔弗布拉特称，苹果公司的巨额市值意味着它对市场的影响“极为巨大”。标准普尔500指数2011年上升1.55%，但若没有苹果公司只会上升0.47%。也就是说，苹果以“单个创新”，起到了“拉动整体”的效应。

高技术经济这一新的生产方式和经济组织形式，正在迅速地和大规模地被应用于生产，有力地影响着当代的经济、社会和人们的生活。其功能有：

（1）生产工具革命

高技术被作为生产资料——生产工具+原材料+生态环境，它带来了劳动生产方式的革命，首先是工具革命。①信息技术产生的人工智能机器——人们称之为机器人——拥有计算、选择、及时自动调控的功能。这种智能机的采用使传统的由人脑和人力直接操纵的生产转变为由智能机自控的生产，由此使机器运行和生产作业摆脱了人力的束缚，能够实现高速运转、高精确加工、高难度（深水、高温）作业、长时期持续运行。②能进行微观与宏观的研发与生产。小至生物分子结构、原子结构的分析以及对其进行加工、重组，大至宇宙结构的研发和宇宙力的纳入生产和加以利用。③能进行脑力所不能完成的数字的快速运算、无限大信息的加工和有效知识的选择与储存。④能发掘深层的自然财富（自然无机物与有机物），创造出人工物质，重构和创新环境和生态，创造出不竭的经济资源。⑤信息技术及其他高技术使机器设备具有高功率、小型化的性质，从而大大节约物质耗费。

（2）现代使用财富的创造

高科技生产力集中体现在当代科技含量高的新产品中，如信息产品、生物药品与生物食品、新合成原材料等，这些高科技知识含量产品的创造意味着一种崭新的现代使用价值的形成。拥有高效用的使用财富能更充分满足现代人的物质生活需要与文化、精神需要。

（3）劳动生产率的提高

体现在当代物质生产手段、新的生产工艺、新的企业组织和管理以及劳动力的智力素质之中的高技术，具有生产效率高、产品成本低的特征。高科技的使用实现了以劳动生产率提高为基础内涵的扩大再生产模式，它能在货币资本总量增长率较小的基础上，实现经济的较高增长率，从而减小高增长中的通货膨胀压力。

（4）刺激与扩大有效需求

高科技含量产品，因其现代新的使用价值，能有效刺激和创造新的消费需求。

（5）企业组织的重构

信息、网络技术产生了网上直接交易，即Blob商业模式；引起了企业营销组织的重组，使营销组织“精干化”；实现了企业之间的迅速的信息流、商流和物流，由此推动了企业生产组织的重构，如将许多制造、研发、服务活动“外包”，零部件实行外购，而自己集中于优势生产环节和核心业务，于是原先集生产、研发、销售为一体的“大而全”的庞大企业，变成了由企业与合伙人、承包商、供应商组成的集合体，它意味着一种更加发达的厂际分工与协作形式的产生。信息、网络技术还引起了企业管理方式与管理组织重构，由传统的金字塔式的企业科层等级组织结构转变为扁平化结构，既节约企业组织及监督成本，又大大提高管理效率。

（6）信息技术与知识生产

计算机也被广泛地应用于知识生产领域。如进行快速的数学运算，搜集、处理和筛选可用信息；进行打字、文件修改、编辑和打印，绘制图片和传播图像与声音。计算机的上述功能使它成为当代科学研究的强大工具。此外，计算机还能用于艺术创作，为青少年提供了丰富多彩的新型电子文化、艺术产品。信息和网络技术还创造了新型电子教学，引起了教学方法和教育体系的变革，促进了教育的发展。可见，电脑不仅是进行知识生产的强大工具，其还能推动产生新的知识生产方式，使社会知识生产能力增强，知识生产领域大大拓宽，知识产品生产规模大大扩大，从而成为现代社会知识、精神财富快速增长的重要工具。

（7）信息技术与宏观调控

信息技术是进行宏观调控的工具。借助信息网络技术，经济管理和调控机构能够快捷掌握国民经济运行的各种势态，及时做出恰当的调控决策，以梳理、化解经济生活中的矛盾。

以信息技术为基础的高科技生产方式是当代最先进的生产方式，当前经济发达国家的高科技经济正在向纵深、全面发展，发展中国家也都在致力于推动传统工业经济向高科技经济攀升和追赶，走向高科技经济是新时期经济发展的大趋势。中国当前的重要任务是把握世界高技术经济发展带来的机遇，大力发展高新技术，紧跟世界科技创新潮流，加快产业升级，发展壮大自身的高新技术产业，将其作为桥头堡和制高点，带动工业化和促进现代化。搞好高科技的发展，是中国经济实现跨越式发展的关键。

6. 对市场机制的促进技术进步功能的分析

技术进步是财富生产力不断提升的决定因素。我国新时期经济的发展需要立足于技术进步的基础之上，加快技术进步是我国经济工作的重中之重。而要切实有效地推进技术进步，就需要深入研究和在理论上弄清技术进步的经济规律。我在一些论著中对技术进步的性质、源泉、经济动因、形式——技术渐进或发展和技术飞跃或发展——等问题进行了分析阐述。

我从历史的角度对人类早期社会千百年发展中细微的技术进步，到工业经济时代间歇性的技术进步，再到当代最快速的技术进步，进行了对比考察和研究。指出原始经济、农业经济时代在总体上是技术长期停滞不前的，尽管上古和中古时期的中国取得了较之西欧时间更早、数量更多的科技成果，但是这些科技成果未能及时地更新，更说不上快速地转化为现实经济中的技术进步。技术进步作为现实实践和实在范畴开始于工业革命和机器大生产时代。资本主义工业经济发展中，一方面出现了现代自然科学的兴起和发展，另一方面有大规模的自然科学知识以及应用技术知识不断地转化为生产中的物质技术，即经济中的技术进步。20世纪自然科学进步的步伐加快，科学知识更大规模地被合并于生产和现实经济中，20世纪末期的高科技经济发展中则出现了科学知识快速创新、快速转化（为生产力）和经济中技术的不断创新。

我特别强调地指出，现实经济中的技术进步，不只是一个技术本身的效率问题，也不只是掌握新技术知识的问题，从根本上说，它是一个经济体制问题。历史表明，立足于市场经济体制及其机制，将高效率的技术转化为主体净收益，从而驱动了近代和现代的技术进步。

市场经济条件下，其一，市场需求是技术进步的前提条件。为市场、为交换价值的生产，打破了自给自足经济中生产的局限性和物质技术的保守性，产生了市场需求拉动的生产扩张和原有物质技术有限生产能力的矛盾，这是市场经济体制下技术进步的经济动因。其二，在市场经济固有的盈利极大化的企业体制下，使用新技术成为提高盈利率的手段，从而使技术进步有了主体利益的驱动，而这种驱动是推动技术进步的最强大的、内生的力量。其三，市场经济固有的竞争和“优胜劣汰”机制，是促进技术进步的另一强有力的内生力量。其四，“资本密集”工业技术需要大量资金投入，市场经济的股份制企业组织和信用、金融体制，为厂商进行技术革新提供了金融支撑。我认为，当代市场经济的一整套制度安排，使效率更高的新技术产生出净收益，即超额利润，由此，启动了为追逐超额利润的资本投入和技术进步进程。资本主义工业化、现代化过程中机器工业技术进步的加速，正是在于上述市场体制下新技术产生净收益的经济机制的作用。

当代高科技经济中技术的不断创新，更是以发达的市场经济为制度基础，发达市场经济则包括：①商品性知识生产体制；②风险资本形成、运行体制；③知识产权体制。此外，还包括培育智力劳动力的教育体制以及鼓励创新的文化体制，等等。正是发达的市场经济及其机制，驱动了当代科技的不断创新。

7. 对现代知识生产及其经济、社会功能的理论分析

高科技经济的特征是技术不断的创新，技术创新的源泉是科学的不断进步。我指出：“物质技术进步的源头是科学。如果单有促进技术进步的经济体制和机制，而缺少不断创新的科学知识，也不可能有现实经济中不断的技术创新。技术快速进步依托于科学知识的快速进步。”在《现代财富

论》中，我将当代科学知识的快速进步，归之于以市场体制为基础的现代知识生产的力量和效率，提出了现代知识生产的命题，并对知识生产的含义、性质及其经济、社会功能，特别是对商品性知识生产的性质与特点，包括知识商品的使用价值、知识商品价值、市值（市场价值）、知识垄断——科技（知识）垄断与文化（知识）垄断——与知识产品垄断价格等进行了经济学的分析。

我提出：一般含义的知识生产，是人们从事的创造知识产品——包括科学产品和文化产品——的活动，它存在于人类产生和人类智能成熟以来的任何时代。现代知识生产，是发达市场经济体制下的知识生产。第一，是立足于现代物质技术基础上的精神生产，知识生产的性质、特征、规模、方向都要适应物质生产的要求。第二，一部分知识生产立足于市场体制之上，成为商品性知识生产。第三，众多的知识生产部门出现，形成了新兴的知识产业。第四，发达的商品性知识生产与产品性生产并存和共同发展。

现代发达的商品性科技知识生产，表现在：第一，企业自身进行的知识生产。大公司，特别是高科技企业都建立有实验设施完善的研发机构，进行科技研发成为企业生产活动的重要内容，开发的科技成果（专利权）的转让以及提供科技服务在企业销售额的增长中占有的比例越来越高。第二，由专业性的科技研发公司来进行的知识生产。大量兴起的各种研发、设计、咨询公司，它们对企业，特别是中小企业提供新产品设计、新技术研发以及新技术操作、使用等服务。第三，以合同形式委托大学及各种科研单位来进行的知识生产。第四，由个人（包括大学生及其他科技爱好者）来进行的知识生产。当代发达的科技知识生产，是立足于市场经济体制基础之上并包含有产品性生产的大知识机器生产。除此之外，还存在发达的文化产品生产。

知识生产和知识产业——我称之为第四产业——的快速发展，引起了现代国民财富结构的变化，知识产品在总产品中所占比重日益增加，传统物质产品的比重下降。物质财富生产和知识财富生产并举与以知识生产促进物质生产，成为当代经济发展的大趋势，也是知识经济的特征。

现代知识生产是以部分知识生产活动商品化，即商品关系和市场机制被引进于知识活动为鲜明特征。对这种知识生产活动商品化的现象和发展趋势，人们的看法是有分歧的。按照长期流行的传统认识，知识生产活动从属于商品交换以及价值规律，是市场经济消极的、甚至是有破坏性作用的表现，是需要加以禁止的行为。但是立足于当代世界和我国社会主义市场经济的实践，从生产关系一定要适应生产力性质的经济规律的理论角度出发，进行冷静的观察和科学的分析后，人们会看到：如同商品关系引入物质生产和服务生产，带来了上述两大领域生产力的发展和财富的快速增长一样，商品关系和市场机制被恰当引入知识生产活动的领域，会激发主体知识、精神活动的积极性和创造性，从而促进知识产品生产力的提高。

（1）商品经济机制对知识生产的利益激励功能

商品经济机制引入知识生产，首先是知识产品作为商品进行市场交换，知识生产劳动创造的知识产品价值转换为个人收入。商品经济的价值规律的作用，不仅使主体劳动在收入形式上得到实现，而且使生产者获得物质利益，知识生产因此有了经济利益的驱动。主体从物质利益上对生产的关心遵循了马克思的经济学原理，不仅适用于物质生产领域，也适用于知识、精神生产领域，特别是当代知识生产不再是由少数“知识贵族”去从事，而是由众多科学、文化劳动者共同参与，是千百万知识劳动者谋取生计的职业活动。现代知识生产的这种性质，更要求有经济利益的驱动。

许多科技知识生产活动具有高难度和高风险。首先，重大科学研发周期长，重大基本理论取得新突破往往需要很长的时间。其次，劳动强度大，为攻克某些理论与技术难题，研究工作者往往夜以继日地进行思考和实验。最后，科学活动风险性大。高科技研发成功率低，一些项目即使取得了科学成果，但在现实条件未具备时缺乏应用价值，从而也不可能获得恰当的交换价值。科学劳动的上述性质，要求有能对科学知识生产提供物质保障的经济机制，而市场经济体制下的知识产权化（专利权制度）和知识资本化即股权化等制度安排，既为高难度、高风险的科学生产提供了强经济激励，又能够给予充分的物质保障，从而激发科学创新劳动，特别是耗时费力的高级科学创新劳动的热情。

（2）商品关系促进知识劳动分工的功能

科技知识商品化，有力地促进了科学知识生产的专业化分工，产生了当代多种性质、多门类、各有专攻的科学研发组织——事业单位和企业，形成了历史上前所未有的、分工和协作高度发达的当代科学知识大生产。亚当·斯密对商品交换推动知识活动的分工做出了展望，他说："随着社会的进步，哲学或推想也像其他各种职业那样，成为某一特定阶级人民主要业务和专门工作。此外，这种业务和工作，也像其他职业那样，分成了许多部门，每个部门，又各成为一种哲学家的专业。……各人擅长各人的特殊工作，不但增加全体的成就，而且大大增进科学的内容。"[①]实践表明，当代分工高度发达的现代知识生产，以其"分工"、专业化生产和协作的"社会集体力"，成为当代科学知识快速进步的重要原因。

（3）企业化组织形式提高生产效率的功能

商品化与生产主体的企业化是并行发展的。在发达市场经济中，企业是基本的市场主体，大企业是生产的骨干。商品经济被引入知识生产，不仅仅表现为知识生产者的市场主体化，还表现在以资本增值为目标，运用市场手段，组织智力劳动者进行知识生产的企业的产生。从事多种类别知识生产的数量众多的企业，组成了现代知识产业。由于现代公司企业具有资本积聚、规模效益和市场营销、资本运作等方面的优势且在知识生产的某些领域，如进行重大自然科学课题研究需要有先进实验室和研究团队，从而需要大量投资，这就决定了知识生产大企业——如贝尔实验室以及现代高科技大公司——应运而生。在当代发达市场经济条件下，一批大企业借助资本市场和风险资本提供的金融资源，利用兼并、重组等手段，实现快速增长，成为知识产业中的骨干。这些

① 亚当·斯密：《国民财富的性质和原因的研究（上卷）》，商务印书馆，1972年，第10—11页。

骨干大企业将科技与劳动力相结合，拥有强大的知识原始创新力，也由于其高效的经营管理劳动，它们实现了一种高效率的、大规模的科学知识生产，具体表现在研发出的意义重大的科学成果上以及取得专利的数量上。上述情况表明，知识生产大企业拥有强大的知识生产力，成为具有重大意义的知识创新的策源地。

（4）市场的资源配置功能

市场性的科学活动是智力劳动者高度自主性的精神活动，个人特长和兴趣在研究方向、课题选择等方面起着重要作用；此外，当代科学活动由于参与者众多，从而带有分散性和自发性。为了有效地利用知识资源，生产出适应社会需要、质量高、效用大、多种多样的知识产品，需要有能促使科学活动与现实经济需要相耦合的经济机制。市场机制是一种促使生产与需求相对接的有效机制，在实行商品性科学生产体制下，市场机制的吸引力和强制力促使生产主体以市场为导向，进行适销对路的科学研发，实现科学活动与现实经济需要相对接。

如果说，计划体制下的科学活动及其成果往往与现实经济需要相脱节，那么，实践表明，市场体制下面向市场的科学活动，不仅提高了科学产品生产率，而且由于科学成果迎合企业现实的需要，大量地被采用于生产，从而切实有效地在国民经济广大领域中推进了技术进步。这也表明，商品关系和市场机制起着科学活动导向和资源合理配置的功能。

以上几个方面表明，商品关系和市场机制不仅适用于物质生产，而且适用于知识生产，包括科技知识生产和文化生产，完善的商品、市场体制拥有解放和发展知识生产力的功能。当然，商品和市场绝非万能，市场失灵在现代市场经济中有众多的表现。知识产品——无论是科学产品还是文化产品——是一种精神存在，是一种特殊商品，这一特殊商品在生产领域的市场失灵和负效应表现得十分明显。①市场力量驱动的知识生产畸化，其表现是负效用产品或负财富创造，如危害公众身心健康以至于危害社会的伪劣“知识、文化品”，尚未经过充分合格检验就被推向市场的高科技药品、食品等，与人类伦理相违的“克隆”人以及反人道的毁灭武器的研发和创造，等等。②知识垄断。知识产权制度对知识生产起激励作用，但也会产生知识垄断，阻碍知识的流通和有效使用，抑制了知识这一“社会一般生产力”功能的发挥。③商品性知识生产的基本矛盾，即参与科学产品使用价值形成的社会化劳动和参与科学产品价值创造的直接生产劳动（以及有偿原知中体现的劳动）的矛盾，决定了商品性知识生产中固有的分配与财富占有不公平。知识生产中的上述矛盾，在发达资本主义国家表现得十分鲜明。我认为，知识生产中的市场失灵，并非要否定市场对知识生产的积极作用，恰恰相反，实行社会主义市场体制不仅仅要在广泛的物质生产与服务生产领域引入商品关系和市场机制，而且有必要在一定的知识生产领域——自然科学生产与文化生产领域——引进商品关系和利用市场作用。我们既要看到市场失灵，更要立足于兴利除弊，将市场的“搞活”与政府的“规制”、管理与调控相结合。当然，社会主义条件下，已有许多非商品性的、公益性的知识生产，需要政府发挥好规划、组织的功能。当前，在社会主义市场经济条件下，依靠体制创新，正确处理商品性市场机制中产生的矛盾和问题，将有效地发挥商品关系市场机制和提高知识财富生产力的功能。

8. 对现代文化生产的性质、机制以及如何构建社会主义文化生产体制的分析

在现代发达市场经济中，特别是在当前信息经济的发展中，文化越来越被合并于生产，成为一项新的生产要素和重要经济资源，文化的生产力功能更加突显。而且，经济发达国家出现了发达的文化生产，形成了生产文化、知识产品的文化产业。商品性文化生产成为当代社会大生产的一个新的组成部分，文化产品成为现代国民财富的重要内容。在当代，文化产品是一种珍贵的经济资源，大力创造和充分发掘文化资源，将它合并、嫁接于生产，能促进经济增长和财富增值。重视文化生产、努力发展文化产业、加强文化对经济的推动作用，已成为一些国家加快经济发展的成功经验。基于当代文化拥有的促进经济发展的重要作用，在我国全面建成小康社会的新时期，在大力发展社会主义文化事业的同时，加快文化产业发展的步伐，充分有效地发挥文化生产力的作用，以促进经济增长，是一项具有重要现实意义的发展方略。

（1）商品关系与市场机制促进文化活动转化为经济生产

市场经济具有很强的生命力和渗透性，它不仅囊括了物质生产领域和服务生产领域，而且向文化、精神生产领域渗透、扩展，使一部分文化品成为商品，使作为单纯的精神活

动的文化生产转化为经济财富生产——商品使用价值物和价值物的生产。在当代发达市场经济中，文化要素被大规模地合并于生产之中，实现了文化活动与经济生产的一体化以及文化、精神产品创造和经济产品创造的一体化。由此，文化不再与生产相疏远，而真正成了生产要素，成为国民财富增长的新源泉；文化生产也不再是单纯的精神活动，而成了经济生产的新形式和促进经济发展的重要杠杆。

在发达的市场经济中，文化品的生产已经和物质生产领域一样，主要采取企业化的经营形式。企业对文化品的生产组织，促进了文化品的生产适应于社会需求；商业营销手段扩大了文化品销路；大规模的产品生产降低了成本；文化、艺术品的专利制度和创作劳动报酬制度的改进，加强了文化、精神产品生产的物质激励。总之，把商品化、企业化机制引入到文化、精神生产领域，有力地促进了文化品的扩大再生产、企业的积累和文化产业的成长，特别是促使当代生产大众文化、娱乐产品（影视、新闻媒体、休闲文学和休闲艺术作品等）的大规模企业集团的出现。以物质生产部门、服务生产部门和以科学产业、文化产业组成的知识生产部门共同组成的三维产业结构，已经成为当代发达国家产业结构的特征；文化产业已成为现代国民经济的支柱产业，成为拉动现代经济增长的重要力量。在当代，快速增长的商品性文化生产，已经成为现代发达市场经济中表现出充沛活力和拥有巨大发展潜力的成分。

可见，经济市场化，仍不以人的意志为转移，渗透到文化品生产这一精神生产领域，并且逐渐改变千百年来深入人心的文化、艺术排斥市场交易的传统观念。市场经济所固有的自由职业从业者自谋生计的体制，特别是文化企业化经营的兴起，更是促进了文化生产的商品化，使文化生产越来越广大的领域从属于商品生产。

由于文化品属于社会意识形态，而社会意识形态总是要适应社会经济形态的性质，体现社会、政治结构的需要，因而文化精神生产从来不可能是智力人员的“自由的”生产。不仅人们新创的文学、艺术产品在性质上要受到特定社会历史形成和传承下来的文化观念的制约，而且文化、精神生产从来都要受到政府权力结构的影响，甚至要由国家参与组织生产，精神产品的效果与社会价值要由具有权威的部门来认定。即使是在摆脱了政府权力直接管制精神生产的资本主义“自由国家”，用来形成人的世界观、价值观、人生观的有关哲学、政治学以及道德的基本理论——它们是文化核心产品——也从来不是实行听凭人意的自由生产。政府要采取多种措施，形成有效的社会机制，以培育和维护适应于经济基础的主导思想、观念，并且将其向广大社会成员灌输。可见，在这一意识形态性质强的文化生产领域，不可能实行完全的、自由的商品生产。此外，在意识形态性质弱的文化生产领域，例如在大众文学、艺术创作以及大众文化娱乐、休闲品生产中，资本主义国家实行自由放任的商品生产，但是政府还要组织公共节日的文化、艺术活动，国家艺术馆、博物馆的民族文化珍藏品的展出要实行免费，因而是从属于公共物品生产机制的。可见，在文化生产实行市场经济体制条件下，也需要将一部分文化、精神生产以社会公共物品的形式来生产和分配，因而产品性文化品是文化财富的重要组成部分。

（2）文化品二重性——商品性与意识形态性

与单纯作为使用价值物的一般物质商品不同，用来市场交换的文化商品，既具有一般商品的使用价值的性质，又具有社会意识形态的性质，是一个经济物品与社会意识的二重物。

多数文化品具有非实物、非固定的形态，表现为一种文化活动，但是文化活动，无论是戏剧演出，还是歌唱、演奏，都是有声、有色、有形的客观对象和具有实在的使用价值。这种实在的使用价值是文化工作者的精神劳动的结晶和表现形式，而且，正是这样的文化、精神产出的实在的使用价值，使其成为市场上的一种特殊的交换对象，成为交换价值的现实基础。文化企业通过对文化活动的有效组织，通过文化品的市场营销，能获得经济效益，形成企业积累，促进企业发展和经济增长。可见，尽管文化品属于精神生产物和采取非实物形态，但它是参与经济运行的经济产品，并且，一部分文化品从来就具有以实物为载体的表现形式，如绘画、雕塑等“造型艺术”。此外，随着物质生产力的发展和科技的进步，出现了文化精神产品的物质、实物载体化。印刷术的发明使思想、观念产品以印刷出版物的形式存在，当代影视、录音与录像技术使各种即期的、随生随灭的文艺演出活动以胶卷和光碟形式储存，成为可以长期使用的“耐用”消费品。可见，文化品作为人的精神活动的性质和采取的非固定化的文化“活动”形式，并不妨碍它能具有实实在在的使用价值。

文化品是人类的文化、精神产物，属于社会意识的上层建筑，它是某种生产关系或经济、社会制度结构在人的思想、意识上的表现。任何一种精神产品，无论是文化、知识产品，还是艺术产品，总是要在其知识、艺术形式与结构中体现出特定的社会人固有的某种政治、社会观念，以及立足于上述观念的有关是与非、善与恶、美与丑的评判方式和爱与憎的情感方式。这些，人们通常称为作品的政治、思想性，使用科学的表述是作品的意识形态性。

意识形态总是为社会经济基础服务的。在特定的社会形态下形成的特定的占支配地位的意识形态，通过发挥其在群众中塑造、形成特定的思想、观念模式和文化心态的社会功能，塑造出社会的人及其特定社会行为，起着维持经济、社会运行和巩固现存的经济基础的作用。作为意识形态的文化、精神产品所拥有的这种重要功能，决定了任何一种社会形态都要通过特定的社会机制，来形成与其经济、政治制度的要求相适应的文化生产。

因而，对于商品性文化生产来说，不仅仅要强调产品的经济性质和讲求产品的商业、经济价值，而且要重视产品的思想、意识性并将产品的社会效益（社会价值）放在首位。思想意识性是商品性文化品的核心品质与“灵魂”，但是这一商品之魂并不是离开其商品使用价值体而独立存在的，而是体现于文化性使用价值体之中。人们可以看见，反封建的人本主义精神体现在莎士比亚的《罗密欧与朱丽叶》《哈姆雷特》等名剧的引人入胜的故事设计、情节安排、人物说词等完美的戏剧形式之中；中国的红色文艺《长征组歌》则是把中国红军爬雪山过草地的可歌可泣、坚韧不拔的革命精神体现在十分完美的歌词和歌曲之中。

（3）文化品提升产品使用价值的功能

文化品具有可移植与可嫁接的性质，它的某些要素、结构和属性可以加以分解、重构，使其融于物质产品或服务产品之中，形成有文化含量的产品。

文化含量具有提升产品使用价值的功能。有文化含量的产品意味着某种文化要素和属性的渗入，进而整合于产品体之中，成为“在物质产品或服务产品上实现了的文化”。产品体结构中文化要素的渗入，使产品使用价值发生变化：它不仅具有原有物质产品或服务产品的属性，而且增添了文化品满足人的精神需要的属性，成为一种能使消费者需要得到更充分满足的高品位使用价值。在发展物质生产和服务业中，重视和着力并入文化要素，进行文化的深度嫁接，能带来产品品质的提升，实现一种集物质财富、科技财富与精神财富于一体的更高级的现代文明财富的创造。

（4）文化生产的创造价值和获取经济效益功能

在市场经济条件下，文化最重要的经济功能在于：文化生产能够创造价值和获得额外收益，通常称为创造经济效益。这是促进积累和经济增长的重要手段。

由于文化劳动具有高价值创造能力，加之以文化、精神产品垄断能获得额外收益，因此，文化生产越发达，国民总产品结构中文化品比重越大，特别是高级文化品越多，一国的国民生产总值也就越大。换一个说法，一国的文化劳动者队伍——其主体是直接从事文化创造的作家、艺术家、文化设计师等——在总劳动中的比重越大，特别是拥有庞大的高素质的和富有创造性的文化精英团队，一国的国民生产总值也就越大。当代一些发达国家，正是由于商品性文化生产发达和文化自由职业者阶层庞大，才实现了年国民总产品的大规模创造。

（5）文化与生产相嫁接创造附加值的功能

文化品具有高市值，文化作为要素向生产领域渗入，嫁接出有文化含量的产品，能够大大提升产品的文化附加值，由此使生产者获取不菲的额外收益。这种利益机制促使文化资源与生产相嫁接，在深度和广度上扩展。当代文化、艺术要素广泛向物质生产、服务生产领域渗透的势头方兴未艾，文化日益成为提高经济效益的手段。

我分析和勾勒出现代市场经济中出现的一种文化与经济的互动：一方面，在经济市场化深度发展的基础上，实现了更大范围的文化活动转化为经济生产，文化成为生产要素和新的经济资源，成为促进国民财富增长的新杠杆，这意味着文化获得了生产力的性质；另一方面，在物质生产、知识文化生产和服务生产三种生产互促、互动下，现代经济的快速增长为文化生产的进一步发展创造了物质基础和经济载体，由此促使文化生产与文化活动进一步兴旺发达。这种文化与经济的互促、互动是现代经济增长和社会发展的重要动因。而在社会主义条件下，借助一个政府规制和调控的、完善的市场体制，人们能构建起文化与经济相生相成、良性互动的社会经济机制。有效利用这一机制，既可以促进经济增长，又能够有效实现文化的优质发展和文化育人。

我认为，在分析知识文化生产中的商品体制与市场机制的作用时，应该坚持唯物辩证法的两分法，既肯定商品关系与市场机制在促进知识、文化生产中的积极功能，又揭示和正视其在这一特殊商品生产领域中的市场失灵和市场负效应。

我在有关论著中提出了商品性文化生产的内在矛盾的命题，并以此为基础来分析商品性文化生产带来的各种矛盾。商品性文化产品，指的是市场体制下的文化商品，它具有艺术、社会价值与商品价值两个因素，二者的矛盾表现为在文化生产中一些创作者过分追求商业价值和脱离艺术、社会价值创造的非理性行为，如粗制滥造，而不是艰苦创作、精益求精；追求数量，忽视质量；形式上标新立异，缺乏积极的思想内容；胡编乱侃，脱离生活实际等，其结果是文化庸品、劣品丛生。在推行文化全盘商品化和缺乏政府科学规制、有效管理以及先进思想指导的自由主义的市场性文化生产制度下，文化市场上会出现庸品排斥良品的趋势，一方面造成庸品的畅销和市场份额的畸形扩张，另一方面使良品的市场份额日益缩小。这种“市场失灵”现象带来文化的平庸化发展和腐朽文化的恶性膨胀，出现了文化产业繁荣发展中的文化衰败。上述情况在西方某些发达国家表现得十分鲜明。基于对文化全盘商品化和自由化的实践及其严重后果的考察，我指出：“市场机制对文化生产来说，是一把双刃剑，它既是促进文化生产发展的有力杠杆，也有诱发文化艺术创作畸化的负效应。”

作为社会上层结构的文化，它的发展总是从属于社会发展的需要，特别是从属于经济发展的需要。因此，人们不能脱离社会经济发展的客观规律，孤立地谈论文化发展和论述文化应该怎么样发展。市场经济是生产力发展的不可超越的一种历史形式，部分文化生产的商品化是时代的大趋势。

（6）构建完善的社会主义文化生产体制和良性文化经济互动机制

在我国进一步发展和完善社会主义市场经济、推进文化体制改革、促进文化产业发展的今天，提出商品性文化生产内在矛盾的论题，不是要提倡废弃文化生产的商品性，回归古代和中世纪田园式的文化自然生产和传统计划体制下僵化的文化生产，而是旨在推动商品性文化生产兴利除弊。其关键是，构建起能实现社会效益优先、经济效益与社会效益相结合的完善的文化体制。

搞好社会主义文化建设，要大力发展各类文化事业和文化产业。在当前经济转轨期，要大力发展商品性文化生产，积极而有效地推进文化产业的快速、健康发展，努力创造中国现代文化经济，构建一种良性的文化与经济互动机制。这就要求：①大力发展先进文化，支持有益文化，改造落后文化，抵制腐朽文化；打响主旋律，搞好多样化，实现中华文化园的百花齐放、万紫千红。②认识商品性文化产品的二重性，树立正确市场观念，按照产品的艺术、社会属性和商品属性的要求，自觉地在文化生产中坚持社会效益优先，把讲求产品艺术、社会价值和讲求商品价值相结合，努力创造艺术、社会质量高且经济效益好的文化产品和文化财富。③文化精神产品毕竟是具有意识形态性的特殊产品，文化生产者需要建立以优美的精神作品塑造人的观念，在文化艺术劳动中把创造高质量的文化、艺术产品作为自身崇高的社会职责和“艺术家的良心”的表现，自觉地将商品价值创造立足于艺术、社会价值的基石之上。为此，文化工作者要努力提高思想政治素质，加强品德修养，警惕文化经济中的“市场陷阱”。④文化企业要按照市场经济的规律，做好文化商品的生产与市场营销，特别要有效组织和激励优质品的生产，采取多种措施，切实扩大优质文化品的市场销路，大力形成优质品市场的主流地位，发挥优秀文化产品的提高群众思想文化素质、塑造优美情操的功能，由此培育广大消费群众积极、健康的文化心态和消费偏好，为文化优质品占据市场主流地位创造主观条件。⑤提倡文明的、健康的文娱生活方式，加强精神文明建设，培育和提高群众的审美能力，特别是加强青少年的审美教育，提高他们的文化修养，增强他们分辨美丑和自觉抵制精神垃圾的能力。⑥社会主义条件下，政府对文化生产应实行分类管理，对一般的文化生产，特别是大众化层次的文化艺术活动，充分利用商品市场机制将其搞活，加快文化产业的发展，培育重量级的文化产业集团，大力推动中国大众文化生产的发展，有效发挥文化的经济价值创造功能；对于高级的、特殊的文化艺术活动，如严肃的、高雅的艺术生产，以及中华文化遗产的发掘和抢救、少数民族优秀文化的发扬，则大力发展和加强文化事业体制，因此，社会主义文化体制（包括产品性生产和商品性生产在内的大文化体制）是有利于文化生产全方位发展和繁荣的。

⑦基于商品性文化生产中的“市场失灵”，要扩大和加强文化公共物品的生产，形成完善的文化公共物品生产体系，为此要加强包括国家歌剧院、图书馆、博物馆、文化馆等文化基础设施的建设，开展各种面向公众，特别是面向广大农民群众的文化活动和社区文化娱乐活动。要采取有效措施，加强公共影视媒体的发展并发挥其功能，大力扶持从事精品创造的文化事业单位的发展，并把组织能成为市场主流产品的精品生产，特别是不逊于和超越“古典古代”品质的和无愧于当前伟大时代的“经典”作品的创作，作为某些文化事业单位的中心任务。⑧强化政府在文化生产中的规制指导和推动的功能，构建切实有效的文化市场管理机制，努力创造、形成鼓励和培育优秀、健康文化，抵制腐朽文化的新闻舆论阵地和社会氛围，当前特别要认真注意防止媒体成为不良文化的催化剂和培养基。⑨确立文化兴国的观念，增大对文化的财政资金投入，鼓励社会资金投入文化生产。当前，政府要采取有效措施切实加强文化事业的发展，特别是面向农村的文化事业的发展。

总之，文化生产，特别是商品性文化生产，它的健康发展离不开制度的约束、政策的规制、政府的管理和思想的指导。如果说，在物质财富生产中，人们不能单纯依靠“看不见的手”，那么，为了求得文化财富最大最好的生产和增值，以服务于社会主义事业，在商品性文化、精神生产领域，应该实行政府主导的和有规制的文化商品生产模式。

实行“看不见的手”“看得见的手”和先进思想指导作用相结合，这样，我们就能够有效防止和减少市场负效应，形成生气勃勃、“活而不乱”“管而不死”的市场性的文化生产。当前，精心构建和有效利用文化生产这一新杠杆，我国文化生产将由此获得新的动力，从而加快发展。这不仅仅能促进我国社会主义文化的发展和繁荣，而且，借助文化的生产力功能和文化与经济的互动，将有力地促进我国经济的发展和人民财富的积累。

9. 结合当代中国实际对马克思劳动价值理论的新探讨

在市场经济体制下，社会财富主要表现为商品，从而具有价值。价值由劳动者创造，是社会必要劳动的“物化”或“对象化”。当代发达国家已经形成以服务、知识产品为主导，由物质生产部门、服务生产部门和知识生产部门组成的现代产业结构，现代国民财富结构也已经以服务产品、知识产品为主要成分。面对当代经济的新情况，计划经济时代的政治经济学教材中流行的对马克思劳动价值论的传统理解，即认为只有固态化、实物化劳动才能创造价值的观念已经不能在理论上表现当代实际。如何将劳动创造价值原理应用于当代实际，阐明和揭示现代财富内在的价值性，要求经济学界深化对马克思劳动价值理论的认识，并且结合当代生产实际，对劳动创造价值的机制做出科学的阐述。

只有物质、实物化劳动创造价值的论点，并不是马克思的观点。马克思在阐述劳动价值理论时，提出了生产商品的抽象人类劳动物化为价值的重要论题，但是劳动“物化”概念的含义并不等同于劳动“物质形态化”“实体化”。马克思使用的“物化”概念的本质是“对象化”，劳动“物化”指的是商品生产中耗费的抽象人类劳动这一商品关系的“对象化”，即“体现”“依附”于某一“东西”或“对象”之中，从而使抽象人类劳动这一看不见、摸不着的生产关系或“社会规定性”“体现”于一个劳动生产“物”或“对象”之中，并表现为这一个“物”或“对象”所拥有的价值规定性。《资本论》第一章第一节有关商品和使用价值是一个“物”的语句中，“物”也就是“对象”或“东西”，是泛指一切生产物和交易对象。有关人类劳动“物化”的含义，不是指劳动实物化，而是指人类劳动“对象化”或“体现”，它既可以体现于物质实物形态的使用价值之中，也可以体现在多种多样非实物形态的使用价值之中。

我指出：把价值作为生产关系是马克思的劳动价值理论的精髓。亚当·斯密的劳动价值理论的局限性在于他将商品价值范畴限制在“固定化”“实物化”“耐久性”的产品和具体劳动形式中，未能把握到形成商品价值的劳动是“无差别的抽象人类劳动”，是一个社会生产关系的范畴，是“抽象化”“对象化”的劳动。马克思将商品、价值、生产劳动等范畴都作为特定的社会生产关系来把握。处在19世纪工业化和制造业大发展的“生产物质化”大潮下，马克思在分析商品和价值形成时也十分强调劳动的物质、实物性，但是作为辩证法大师的马克思把“一般”与“特殊”“抽象”与“具体”的辩证法贯彻于商品价值这一经济学范畴内涵的分析之中，提出和阐述了广义的商品理论。马克思提出了特殊商品的范畴和把劳动能力作为特殊商品。他把金银、货币以及股票、债券等资本价值凭证称为“特种商品”[①]，此外，他将进入市场交换的服务也视为商品[②]。马克思实际上阐述了广义的产品观[③]、商品观和生产观[④]，由此对商品使用价值范畴含义做出了广义的解释。对物质产品来说，商品使用价值应该归结为商品体的现实物质属性，但是在考察商品使用价值时，马克思没有囿于物质固定化形态，他将某些人类劳动活动的功能视为使用价值。例如，他认为劳动力商品的使用价值是劳动的价值增值功能。马克思还将使用价值区分为“实物形式”和“运动形式”两类[⑤]，他在分析服务的使用价值时说：“只要我花费收入是为了消费它的（劳动的）使用价值，不管这个使用价值是随着劳动能力本身活动的停止而消失，还是物化、固定在某个物中。”[⑥]马克思提到“唱歌的使用价值”，他明确提出：“服务有一定的使用价值（想象的和现实的）和一定的交换价值。”他指出，服务业劳动者提供的随生随灭的服务也是一种“直接使用

① 马克思说：“货币不仅是一般商品，而且也是特殊商品。”马克思、恩格斯：《马克思恩格斯全集》第四十六卷上册，人民出版社，1979年，第149、159页。

② 马克思、恩格斯：《马克思恩格斯全集》第二十六卷第一册，人民出版社，1972年，第149页。

③ 马克思将活劳动称为“活劳动产品”。马克思、恩格斯：《马克思恩格斯全集》第二十六卷第一册，人民出版社，1972年，第183页。

④ 马克思、恩格斯：《马克思恩格斯全集》第二十六卷第一册，人民出版社，1972年，第183页。

⑤ 马克思提出和阐述了服务生产和“精神生产”命题。

⑥ 马克思、恩格斯：《马克思恩格斯全集》第二十六卷第一册，人民出版社，1972年，第147页。

价值”。[①]马克思在1859年的《政治经济学批判》一书中指出，发达的分工“直接表现在使用价值的多种多样上，这些使用价值作为特殊商品彼此对立并包含着多种多样的劳动方式”[②]。显然，马克思将劳动者生产出来的满足各类社会需要的多品类商品体的属性，都作为使用价值。

可见，马克思提出和阐述了多样具体形式的商品生产劳动“物化”和“对象化”为价值的极其严谨、十分周全的劳动价值理论。这一理论既认定制造业中生产实物产品的劳动对象化为价值，也指出服务业中生产和提供非实物形态的服务劳动也形成价值；论述了劳动既可以在“有痕迹的”实物产品中对象化为价值，也可以在农业劳动生产的“无痕迹的”实物产品——如牛——中对象化为价值[③]；此外，运输业中的劳动只是使产品“发生位置变化”，但仍然对象化为价值。[④]可见，马克思实际上阐述了多样性生产劳动抽象化、对象化为价值的广义的和全面的劳动价值理论，这一理论充分说明当代产业结构下，创造多种多样的使用财富的生

① 马克思、恩格斯：《马克思恩格斯全集》第二十六卷第一册，人民出版社，1972年，第147页。

② 马克思、恩格斯：《马克思恩格斯全集》第二十六卷第一册，人民出版社，1972年，第57页。

③ 马克思、恩格斯：《马克思恩格斯全集》第二十六卷第一册，人民出版社，1972年，第165页。

④ 马克思指出，具体劳动在一些商品上“可能不留下任何痕迹”。从制造业商品来说，这个痕迹保留在原料所取得的外形上。而在农业等部门，例如小麦、公牛等产品所取得的形式，虽然也是人类劳动的产品，而且是一代一代传下来，一代一代补充的劳动的产品，但这一点在产品上是看不出来的。马克思、恩格斯：《马克思恩格斯全集》第二十六卷第一册，人民出版社，1972年，第164、445页。

产劳动都具有价值创造的功能。因而，在当代，马克思的劳动价值理论并未过时。

基于对马克思物化劳动创造价值的论题的理解，结合我国实际，我对社会主义市场经济制度下的劳动价值理论进行了新的探索。我提出：在我国社会主义市场经济制度下，众多的商品生产部门，无论是物质、实物产品生产部门，还是商业、金融及其他服务部门以及科学、文化产品生产部门，它们的广大从业和职能人员都参与了商品使用价值的形成和价值的创造。我认为，我国出现了新型的生产、劳动关系和价值创造与分配关系，这种经济关系是中国特色社会主义建设中出现的新事物。在坚持马克思的商品理论和劳动价值理论前提下，对我国社会主义社会中的新经济关系进行深入的理论分析和实事求是的阐明，将有助于揭示社会主义市场经济中劳动者利益关系的性质及其变动的规律，并为党和政府调节经济运行和生产、分配关系，正确处理社会主义社会人民内部的利益矛盾，构建社会主义和谐社会提供理论指导。

五 关于社会主义经济运行问题

自1978年中国选择了发展商品经济、引进市场的改革以后，中国经济在20世纪80年代中期就开始进入“一放就乱、一收就死”的恶性循环发展。如何在理论上认识社会主义经济紧缩中出现的种种负效应，应该如何缓解与调节这些负效应，以及如何解决20世纪90年代中后期我国由计划到市场转型中的体制与机制变革中出现的有效需求不足和经济过剩运行等问题，是我长期以来所关注的，也是我对于宏观经济运行理论思考和着墨较多的学术领域之一。

1. 关于20世纪80年代实行治理整顿的分析

1988年我国为治理通货膨胀实行治理整顿。在实行紧缩的财政金融政策下，刹住了物价涨势，但也出现了新问题与新困难。市场疲软与资金短缺的交织，是1988年这一次经济紧缩中令人注目的现象。

资金短缺严重影响了生产与经营活动，使市场销售疲软，而市场销售疲软又加剧了资金短缺，实行紧缩中这一对负效应的交织，即商品流通障碍和资金流通梗阻的互相推动，使企业经济活动软弱乏力，甚至再生产难以为继，造成企业停产和半停产，其结果是1989年9月以后的工业低速增长。

资金短缺在过去经济紧缩调整中曾经出现过，但市场疲软却是这次经济紧缩中出现的新问题。而且，市场疲软在紧缩经济出现的各项矛盾中，占有特别重要的地位。市场销售不畅和困难，是资金难以回流的终极原因，是企业互相拖欠和债务链越发扩大的原因，是造成企业停工停产的直接动因，是银行不断投放点贷资金而生产仍然难以启动的根本原因。市场销售疲软，已成为当前再生产机制发生紊乱和经济运行失序的动因，是制约我国经济生活的关键问题。

我认为，市场出现销售疲软，并不是治理整顿采取的“双紧”方针不对，而是在我国现行不完善经济体制和不完善经济机制下，实行有成效的、严峻的宏观紧缩政策难以避免的现象。我国的治理整顿要通过解决国民经济中存在的总量失衡与结构失调两大问题，从根本上克服经济过热、需求过旺，控制通货膨胀，实现国民经济持续、稳定、协调发展。为此，首先必须解决总量失衡，实行以抑制总需求为直接目的的“双紧”政策。由于多年来我国经济不均衡要素大量积累，造成了严重的通货膨胀。加之我国人口多、收入低，人们习惯于价格固定，又缺乏收入补偿和就业保障机制，对涨价承受力低。因而，必须采取有效手段来抑制总需求膨胀，把物价涨势刹住。实行“双紧”政策，采用紧缩投资、信贷、货币、财政、进口等措施，多管齐下，是客观必要的。

以实行严格的宏观紧缩政策肇始的治理整顿，标志着我国经济进入了紧缩、调整时期。1988年9月至1989年底，可以说是治理整顿的第一阶段，其主要特征是实行较为全面的宏观紧缩，主要任务是抑制社会总需求的过猛增长。这一社会主义的经济紧缩过程表现为：①资金供应减少，一部分企业和一定经济领域流动资金不足，但不是金融信贷危机；②社会总需求增长放慢，市场购销活动由旺转平、转疲，一些产品滞销，但不是全面的市场萧条；③对一部分企业实行关停并转，但不是企业大破产；④待业人员增多，但不是大量失业；⑤局部领域经济活动降温，经济增长放慢，但不是社会总体再生产的中断。

以上五点表明：这是一个国家掌握的、有步骤的经济紧缩与经济调整，它与资本主义经济中，在自发性的市场机制作用下，以爆发性的危机形式，通过经济大崩溃和社会大动荡而实行的调整有根本的不同。

社会主义的经济紧缩过程，特别是它的肇始阶段，以抑制社会总需求的过度增长为主要任务，以实行减少投资量和信贷供应量、控制消费基金的增长、控制紧缺原材料的计划供应与市场供应、紧缩进口等多方面互相配套的紧缩政策措施为特征。而上述政策在发挥它的紧缩需求功能，在物价涨势控制方面取得积极成效的同时，又难以避免地会引起市场购销活动的某些衰减，使资金供应不足；特别是经济收紧的“紧急制动”，难免要打乱过去的过热运转型的经济机制，造成暂时的“机制紊乱”，由此加剧局部领域经济活动的“衰减”，使企业停产或半停产范围扩大。可见，宏观紧缩总是正效应与负效应同时存在，如果没有任何负效应，意味着过度膨胀着的总需求尚未被抑制住，也就谈不上有正效应。

经济紧缩、调整的主要任务，是解决总量失衡与结构失调，在革新体制与完善经济机制的前提下，实现总需求与总供给基本平衡的格局，从而保证国民经济转上均衡的再生产轨道。因而，整个经济紧缩、调整时期的基本矛盾是总量失衡与结构失调，以及由此引起的需求膨胀和国民经济稳定增长的矛盾。

对此，我认为要从根本上解决上述矛盾：第一步，坚持紧缩，实行经济降温，抑制即期需求的猛长，缓解总需求与总供给的矛盾；第二步，在坚持控制总需求的过快增长的前提下，大力进行经济结构调整，增加有效供给，逐步做到需求结构与供给结构相适应。更进一步看，结构调整还不是最根本的目的，治理整顿所要达到的更高的目标是消除经济中导致盲目建设、结构失调的机制。同样地，采用双紧政策所要达到的抑制需求过度增长，也不是最根本的目的，我们要达到的更高目标是消除内生的需求膨胀和经济过热的动因。因此，深化改革和完善机制就具有更加重要的意义，它不仅仅直接关系结构调整目标的实现，而且是我国经济从根本上摆脱调整—膨胀—再调整—再膨胀的怪圈，转上持续稳定协调发展的轨道的根本前提。

市场销售疲软，为产业结构调整提供了外在压力和机遇，正确对待这一经济生活中的负效应，坏事也会变好事，有利于治理整顿的深入。但市场疲软在当时已影响工业增长，带来许多困难，影响经济稳定。对此，我作为全国人大代表，在七届全国人大三次会议上提出了缓解市场疲软十策，引起了各方面的高度重视，这一发言被《人民日报》全文刊登①：

（1）用活资金来启动生产、带动市场

缓解市场疲软，首要的是缓解资金短缺。目前资金供应紧张，部分企业不仅无力支付原材料款，无力在市场收购农业原料，而且连工资也发不出，生产难以为继。商业企业、外贸企业因缺资金，影响购销活动，不能进行正常库存。为了缓解资金紧缺，需要改善金融宏观调控方法，当前特别要注意紧而有度，紧后要有松，大紧小松，防止过紧把弦绷断了。当然目前只能适度松动银根，不能实行“开闸”。今春

① 刘诗白：《全面疏导，多方启动——缓解市场疲软十策》，《人民日报》1990年4月10日。

工商行增加贷款800亿元，农行增加贷款200亿元，这是必要的。但要注意瞻前顾后，确保下半年的资金需要。为了在紧缩中做到扶优汰劣，要用好利率杠杆，贷款给效益好的企业。硬性规定不给哪一领域贷款，这种“一刀切”的做法，会给经济带来损失。为了缓解资金短缺，除了适当降低利率外，还应用好差别利率。要对四川德阳第二重型机械厂这样的微利高效（社会效益）企业，予以利率优惠。这个厂1989年流动资金贷款2.9亿元，付利息3000万元，较1988年增加1100万元，企业负担沉重。

（2）强化商业功能以疏通市场

目前，市场既有销售缩减，又有流通不畅，拥有10亿人的大市场潜力尚未充分发掘，特别是在农村大市场上，适销对路的商品难买，农副产品难卖。因此，迫切需要加强商业的功能，充分发挥国营商业和供销合作社的主渠道作用。要完善商业体制，现在商业企业既缺资金，又为保自身利润而不愿开展更多购销活动。要发挥商业的“蓄水池”功能，做到吞吐商品，稳定物价，希望国务院采取切实措施，用优惠利率贷款建立商品储积基金。另外，还要注意拓宽流通渠道。充分发挥集体、个体商业的辅助作用，搞活流通渠道。不可设卡过多，影响个体贩运的积极性，不利于零星、多样的工农副产品的销售。

（3）用开发新产品来开拓市场

市场潜力的大小，关键在于产品是否适销对路，是否物美、质优、价廉；在于企业能否不断开发新产品，用好“人无我有，人有我优，人优我廉，人廉我转”十六字经。在这方面，四川不少先进企业提供了经验。一级企业四川长虹电视机厂，及时生产直角平面遥控彩色电视机，并采取其他促销措施，打开了销路，1989年生产的65万台电视机销售一空，实现税利1.4亿元。希望我们的企业家发挥自力更生、开拓创新精神，眼睛向内，依靠自己渡难关、求发展，不要事事等待国家，依靠银行。

（4）用好价格机制来促进销售

市场上存在价格销售弹性。这就是：降低价格，销量增大；提高价格，销量减少。1988年一些商品提价过度，造成积压，当前对一些商品适当降低价格，很有必要，但要讲究方法。降得好，有利于促销，方法不好，还会强化消费者的降价预期，强化等待心理。例如今天降一点，明天降一点，或者竞相削价，大抛卖、大“流血”，这就只能引起消费者的错觉，造成持币待购和储币待购。因此，建议对降价的商品，统一制定和安排降价促销措施，防止和减少盲目性。

（5）用引导消费来激励市场

消费品销售停滞，在于人们买得少。针对当前状况，有必要适当激励消费欲望，使人们多买一点。我们还处在紧缩时期，在总体上要实行控制需求政策而不能改弦更张，采取刺激需求政策。但当前需要进行必要微调，引导消费适当增长，除了采取经济手段，如降低存款利率1.26个百分点，还应进行思想引导，既反对高消费，又不压制正常消费，提倡合理、适度消费。

（6）减少对一些商品的不必要限制以活跃销售

当前足踏摩托车大量滞销，而不少城市采取多样措施限制其销售。对办公用的国产电子打字机、计算机、传真机的专控，似不必要，建议放宽。

（7）限制不必要进口，提倡国货以扩大销售

当前产品市场销售困难，而盲目进口却尚未彻底刹住。高档消费品，如录像机市场基本被进口货占领；一般消费品，如照相机、烟、酒，也是洋货充斥，连化妆品也是大量进口。海南岛橡胶年产20万吨，为全国1/2，目前销售困难，但国内不少厂家仍然在进口国外橡胶。四川德阳东方发电机厂，发电机订货减少，但1989年有的部门仍然进口发电设备184万千瓦，新建的江油发电厂的32万千瓦发电设备就是从国外进口的。我们不能排斥进口，但不应该盲目进口，需要有贸易保护措施。若不进行必要的保护，把不该让的市场让给国外产品，我们的民族工业就发展不起来，现在是下决心解决这一问题的时候了。

（8）优化产业结构和提高经济效益

我国总需求大于总供给的格局，不可能在短时期内改变，对于“短缺经济”的我国来说，应把优化产业结构、增加有效供给作为中心任务。只有搞好结构调整，我们才能防止在疏导、复苏市场中再度出现需求过旺和再次发生市场风波。市场是个“百慕大三角”，对未来的市场变化，人们很难看得准，因此，当前只能立足于疏导。在搞活市场中，还要注意掌握好“度量”和适时调节，不能贸然地全面刺激需求。总之，要把疏导市场置于产业结构优化和增强有效供给的基础之上。

（9）采取有效措施，清理“三角债”

启动生产，活跃市场，必须解开企业身上的“债务

链”。为清理三角债，政府已采取恢复银行托收承付的措施。根据企业同志意见，还应改进点贷资金使用方式，将用于清理“三角债”的点贷资金给债务一方。目前点贷给债权一方，在债务清理中欠人的被扣去，人欠的未扣回，反而增加了利息负担，因而企业不愿贷款，宁肯互相拖欠。

（10）用好投资来启动市场

要有效地启动、疏导市场，需要有足够的投资需求，使它与现实的生产资料、生产规模相适应，否则，我们的机电、水泥、汽车、重型机械，甚至发电设备等生产企业将难以摆脱困境，甚至会发生生产萎缩。但总量控制又必须坚持，全社会固定资产投资不能突破。为此，只能有压有保，改善投资结构，把有限的资金用到“刀口”上，首先保证效益好的国有大中型企业的需要。其次要充分保证和用好技术改造的资金。如何在坚持总量控制下，适当增加投资需求，适当扩大开工不足的、生产设备与基本生产资料缺乏的重点企业的商品销路，以启动生产、带动市场，这是当前应该深入研究的一个课题，这不仅关系当前市场疲软的缓解，而且也关系20世纪90年代经济发展的后劲。

2. 关于过渡时期经济过剩运行的论述

在实行改革开放的很长时期内，经济运行曾保持短缺运行的基本格局。但是20世纪90年代中期以来，我国经济运行态势发生根本变化，即由过去长时期的供给不足和短缺运行转入内需不足和经济的过剩运行，并首次遭遇了通货紧缩的困扰。我于2000年和2005年分别出版了《我国转轨期经济过剩运行研究》和《中国转型期有效需求不足及其治理研究》（主编）两本专著，运用马克思再生产理论，提出了“经济过剩运行”的概念，对我国经济转轨中的有效需求不足、有效供给不足等问题进行了系统性思考。在今天国家供给侧结构性改革的时代背景下来看，这一理论分析框架和基本观点是经受住了时代的检验的。

（1）转型期经济运行势态的新变化——由短缺运行向过剩运行的转变

20世纪90年代中期以来，经济运行势态发生了根本变化，我国经济告别了短缺运行，经济运行中呈现出包括消费品、投资物品在内的大范围的供给过剩的局面，表现为：①范围的广泛性。商品普遍供给过剩，不仅消费品全面市场疲软，生产资料也大面积滞销。②物价在低价位持续下滑。1997年10月至1999年底物价持续近27个月的负增长。③生产能力的过剩表现得十分突出，许多行业生产能力闲置50%左右。盲目投资、重复建设使相对于市场容量的过剩生产很早就已出现。④过剩运行的持续性。自1996年底市场疲软开始明显化，1997年、1998年两年来市场供给过剩进一步加剧，不仅价格继续负增长，而且居民储蓄急剧增长。⑤国内生产总值增长放慢。由于市场全面疲软，1997年以来国内生产总值增长率逐步下滑，由1997年的9.8%、1998年的7.8%降到1999年的7.1%。这表明过剩已经不仅是消费品市场的现象，而且涉及其他要素市场，并且演化为生产能力的过剩。市场上的供给过剩和销售困难已经不是市场运行中一般的供求失衡的表现，而是出现了某种程度的通货紧缩，造成运行障碍和增长放慢。可见，过剩已经不只是一个市场现象，而成为一种带有故障和严重负效应的运行势态，“买方市场”概念已经不足以概括这一运行势态特征。基于上述理由，我认为使用“经济过剩运行”一词更为确切。

“经济过剩运行”概念，作为宏观经济运行的一种势态，其主要表现是市场商品供给和生产过剩、生产能力过剩、要素供给过剩等，实质是现实总需求的不足与供给的增长不相适应。

“过剩运行”≠“过剩经济”。资本主义经济本质上是“过剩经济”，这是因为资本主义国家存在制度性的有效需求不足，即马克思所揭示的生产能力的增长超过了群众有购买力的需求的增长。因此，过剩经济是资本主义经济形态长期固有的制度性的特征。

社会主义市场经济，就其本质来说不是过剩经济，但不等于说不存在过剩和过剩运行。①由市场调节的、自发性的投资与消费（以及外贸），其增长不可能是均衡的，因而总供给与总需求的失衡——表现为过剩运行或者是短缺运行——是市场经济的一般现象。②社会主义初级阶段存在着多种所有制结构和多样分配方式，个人财富与个人收入结构的不均衡和不完善将长期存在，从而也就有可能产生一定程度的制度性的社会购买力增长落后于社会生产增长的情况。③改革的不到位、市场体制的不完善、市场机制的自我调节乏力，甚至作用扭曲，表现在盲目投资和重复建设上，由此造成供给结构失衡。而且自我调整机制的缺乏，导致宏观的供求失衡和过剩运行。④转轨期制度的不完善引起收入结构的畸化，其表现是收入差距大甚至悬殊，抑制了社会购买力的正常增长，从而出现社会购买力的增长落后于社会生产增长的情况。⑤现代大工业的发展，特别是新科技转化为生产力，使一些行业、部门生产能力迅速增长，这种技术性社会生产增长超过社会消费需求的增长，也成为形成过剩的一种因素。总之，在社会主义市场经济运行中，特别是在转轨期，市场机制自我调节功能薄弱和作用扭曲成为经济过剩运行出现的主要原因。当前的过剩，不是起因于制度性的需求与供给的矛盾，而是体制转轨中出现的一种新的经济运行势态。更具体地说，它既与市场经济的运行机制有关，是计划经济体制向社会主义市场经济体制转换期不完善的体制和机制的产物，也与我国当前的生产力水平和增长方式有关。

我国当前经济出现过剩运行，其特点表现为：①国内需求不足是出现过剩运行的重要原因，而需求不足是由投资需求和消费需求增长缓慢多种因素造成的。②需求不足与供给结构失衡并存。供给结构失衡突出地表现为产品重叠过剩，即性状与功能雷同的产品过剩。③消费品的供给过剩与居民储蓄的增长并存。

当前经济出现过剩运行既是有效需求的不足，是一种相对的过剩，也是供给结构的缺陷，体现为重复建设下的产品过量供给和结构性的过剩。首先，消费需求增长滞后于生产的增长已经成为我国经济运行中的一个主要矛盾。我国消费需求增长的放慢和滞后，是改革过程中出现的值得重视的新问题。它表明了市场经济中消费需求增长和变动的不均衡，更主要地，它是转型期经济机制不健全和经济运行中的各种矛盾交织的结果，也是不发达国家工业化过程中的各种矛盾与困难的表现。其次，当前经济过剩的出现，又是由于供给结构失衡。供给结构存在失衡、有效供给不足成为一个突出现象。性状与功能雷同的产品拥塞，特别是质量低的产品的拥塞，是当前市场供给中的突出问题。产品重叠过剩还表现为低水平的供给重叠过剩。而供给结构的失衡和产品重叠过剩，其根本原因是盲目生产和重复建设。所以，一方面质量低的产品重叠过剩，另一方面适销对路的新产品匮乏，也就是供给结构失衡和有效供给不足。这种结构失衡、有效供给不足与需求不足相并存，成为我国当前经济过剩运行的具体内容与特点。

基于上述对经济过剩运行的性质和成因的分析，我提出了治理过剩、实现经济由过剩运行转到平稳运行的系列对策。

第一，正视需求不足，大力扩大内需。治理过剩运行要从扩大需求着手，首要的是扩大国内需求。为此，要采取积极的财政政策和有效的货币政策，搞好投资和消费双轮拉动，以启动经济。在投资拉动中，要以扩大政府公共投资为起点，着力于刺激社会投资，形成内生的投资需求。经济的健康回升要以启动消费为重点，通过标本兼治、多管齐下，大力刺激消费需求。针对当前消费倾向下降、储蓄倾向超常跃升的情况，要采取有效的对策，如增加群众收入、健全居民消费心理等。

第二，集中力量，调整结构。我国当前的过剩既体现了需求不足，又因重复生产造成了供给结构失衡。结构性的过剩是我国过剩运行的突出特征。扩大需求不可能是一把解决严重的结构失衡和结构性过剩的金钥匙。恰恰相反，如果只是采取需求管理的政策，实行货币发行与信贷“开闸”和扩张，或许能暂时缓解某些产品的过剩，但是更有可能导致过热和通胀，不能解决我国的结构失衡，只能使其隐蔽化甚至加重。而解决过剩运行的重要之途，只能是调整结构。当前的主攻方向是：调整和优化产品、产业和地区结构，形成适销对路的有效供给，特别要刹住使结构失衡和过剩持续化的重复建设风。当前的过剩，也是促使政府和企业进行结构调整的大好时机。

第三，深化改革，完善市场机制，形成和强化经济自我调整功能。要从根本上解决机制性的盲目生产和重复建设，必须着眼于推进市场化的全面改革，包括国有企业、银行体制、资本市场等方面的改革。通过改革的深化，形成自我约束、自我调整的理性的企业行为；形成促使结构调整和产品创新的完善的市场价格机制；形成促进企业优胜劣汰，进行组织结构调整和存量资产流动重组的机制。

第四，充分有效地发挥政府的调控功能。我国当前的过剩，表明在转型期需求变动与增长的不稳定性、供给结构失衡的刚性、经济增长中过热或过冷交替出现的经常性，以及国际经济变动受影响的外贸和引进外资等参数变动的不确定性。因而，为了保证国民经济的稳定、健康运行，需要加强政府对宏观经济的调节。当前，政府要处理好影响经济运行的主要方面和环节，尤其要处理好增长速度与结构调整的关系，把结构优化放在首位；在扩大内需中，要处理好投资需求与消费需求的关系，着力启动社会投资和消费需求；在扩大消费需求中，要把促进居民收入增长和刺激即期消费相结合；要大力增加出口，把扩大内需与扩大出口相结合。

（2）转型期国内有效需求不足产生的原因及其治理

需求不足主要是内需不足，内需不足是经济中的深层次矛盾所导致的。由计划体制到市场体制的转轨，是经济的全面改组，是一场深刻的革命。20世纪90年代出现的需求不足现象是我国改革深化阶段多种矛盾交织的结果，是一种“体制综合征”。

造成20世纪90年代中期以来有效需求不足的主要原因是：

第一，改革滞后与国有企业竞争力的缺乏。国有企业是我国国民经济的主要支柱，是我国社会投资最主要的载体，是城市消费的主要支撑者，不断深化国有企业改革，增强企业活力，是保证始发的需求不断增长的根本前提。20世纪80年代后，国有企业改革相对滞后，缺乏适应变化了的市场情况而进行灵活的自我调整的能力；产品结构陈旧，不适应市场需要；企业机制不活；资本金不足，包袱重，冗员多，成本下不来。上述问题，使多数已经下了市场之海的国有企业缺乏竞争力，困难日增，效益下降，维持再生产已不容易，更难以扩大投资和增加职工报酬。相当部分国有企业缺乏活力和陷入困境，意味着需求创造的源流的减弱，我国近年来需求增长不足的最根本原因就在于此。此外，乡镇企业出现困难，是造成当前市场需求弱化的另一重要原因。公有制企业，主要是国有企业的改革十分艰难，由此造成消费与投资需求增长不足，可以说是体制转轨中难解之题。

第二，转轨期的失业。20世纪90年代中期国有企业改革进入攻坚阶段，需要进行结构大调整、资产大重组和机制大转换。首先，大量的职工下岗和再就业是不可避免的，职工的收入也受到影响。其次，国有经济需要适应市场体制的需要而进行布局调整，实行适当紧缩，按照有进有退、有所为有所不为的原则，一部分国有资本要从竞争性行业中退出而向其他领域转移，因此，下岗和再就业的规模增大是不可避免的。再次，再就业中包括失业，这是改革和经济大调整的“失业”，它会因体制活力增强带来的就业空间的扩大而有所缓和。但发展非国有特别是非公有制企业，在渐进的转轨过程中难以做到十分及时和顺畅，这就限制了转业与就业的空间，从而加剧了国有经济大调整时期的失业问题。总之，国有企业和国有经济的战略性大调整，会造成和加剧转轨期的失业，导致职工收入增长放慢，这是城市消费需求不足的一个重要成因。

第三，农村制度创新和农业生产方式现代化推进的困难。农村需求是我国市场需求的重要组成部分，是消费需求以及投资物品需求的重要支柱。20世纪80年代末，农村广大地区增产不增收，农民收入增长缓慢。20世纪90年代中期以来，农民收入增幅进一步下降。这种转轨经济中机制和结构缺陷造成的阶段性的农村经济活力的衰减，成为我国农民收入增长滞后、农村有效需求增长缓慢的根本原因。

第四，转轨期的收入差距扩大。转轨期的收入差距扩大，在当前表现得十分鲜明，显然不利于有效需求的增长。因为，对高收入层来说，能买到的商品已经有了所以“不想买”；对于低收入层来说，想要买的商品不少却又“买不起”。就城乡和地区来说，一些发达城市和发达地区，居民拥有数量可观的闲置购买力，但基本生活消费品已呈现市场饱和，而广大农村和贫穷地区却又由于群众收入低下，造成消费品市场狭窄。可见，收入结构的不完善和收入差距过度扩大，特别是占居民多数的基本消费群体收入水平低、缺乏购买力，成为当前制约社会有效需求增长的另一重要因素。

第五，消费倾向的下降。消费倾向表现为消费者可支配收入中用于消费品购买的比例的大小。我国20世纪90年代中期出现了消费倾向急剧弱化现象。其原因是城乡居民收入增长的放慢和居民预期支出的增长。更具体地说：①由于我国还处在经济不发达阶段，居民收入水平低，收入变化直接影响消费倾向的变化。在收入增长放慢特别是改革深化，由“铁饭碗”转向自身承担就业风险，收入对个人来说不再稳定的条件下，即期消费的减少是很自然的。②居民预期支出的过度增长，是造成即期消费抑制的更重要原因。由于就业、住房、社会保障、教育等多项体制改革的全面推进，居民账户上预期支出急剧增大，而工资分配制度改革却又滞后，因而，人们减少即期消费是不可避免的。③有关个人就业、购房、社会保障的制度建设还未完备和明确，各种改革带来的个人负担和预期支出不明晰，会引起即期消费过度抑制的负效应。④持续的经济过剩和市场疲软，强化了“买涨不买跌”的心理。在价格持续下行的宏观形势下，经济过剩和市场疲软会加剧市场秩序混乱、厂商价格大战、假冒伪劣产品大肆泛滥等，这些均会进一步降低消费者的购买欲望。

⑤城市经济进入小康，消费需求发生变化，但消费品结构创新和升级缓慢，适应小康热点消费品的缺乏，促使居民形成推迟消费的心态，这是抑制即期消费的又一因素。

可见，我国当前面临着转轨期多种矛盾积累和交织而导致的消费行为和消费心态的急剧变化，其结果是基本消费群体即期消费的过度自我抑制和消费倾向的急剧缩减，居民储蓄不断增长，许多人“有钱也不花”“有钱不敢花”，这种情况大大强化了消费品有效需求不足。

我国转型深化阶段的体制和机制的矛盾，导致20世纪90年代群众收入增幅放慢和消费需求不足问题的出现，而经济呈现过剩运行和有效需求不足，使消费需求不足问题更加突出。由于作为最终需求的消费需求不足，投资需求也因此乏力，导致全面的国内需求不足。

我将20世纪90年代中期经济运行中的需求不足归结为体制转轨、增长方式转换中众多矛盾的积累和交织的表现，并称之为“转轨深入发展期矛盾综合征”。基于制度分析而确立的上述认识，我又进一步提出了治理需求不足的比较清晰的思路和方法。

第一，把扩大内需放到发展战略高度，同时千方百计扩大“外需”。既然我国需求不足的主要成因是内因，是内需不足，因而从根本上解决需求不足，就要扩大国内需求。与此同时，扩大出口、增大外需也十分重要。在走向21世纪的新时期，我国经济保持8%左右适度的高速增长和在科技进步、产业升级基础上提高增长质量，迫切需要进一步加强对外开放，使进出口不断增长，保持旺盛的外需的拉动力。但是也必须看到像我国这样拥有14亿人口、处在发展中的大国，拉动经济快速增长应主要依靠国内需求。14亿人口不断增长的物质与文化生活的需要，即内涵广、层次多的“中国大市场”，是我国各类产业全方位发展和我国经济持续高增长的不竭源泉。我国当前出现的市场全面疲软和生产能力的过剩，表明了内需不足的严重危害和扩大内需的迫切性、必要性。我国有必要实行一项重振内需的长期战略，只要我们能做到有效启动，不断保持国内需求的旺盛和持续充分增长，我国将进入一轮工业、农业和各行各业稳定高增长的时期，我国国民经济因有国内需求为支柱将会得到更好的发展和振兴。

第二，实行扩充需求总量的宏观政策。有效需求不足，经济缺乏拉动力，在增长减速、下滑时期，需要实行扩张性的宏观政策，有效地刺激投资和消费需求，使经济在政府“打气”中走向复苏。政府公共投资的根本目的是刺激和撬动社会投资，是启动经济复苏的“催化器”。当前的宏观政策应重点体现以下几个方面：①继续实行积极的财政政策并加大力度。②把扩张性的财政政策的着力点放在撬动、刺激社会投资上，特别是要刺激、调动各类企业和居民的投资积极性，以振兴和加强来自企业的始发的需求。依靠政府财力的公共投资不可能长期持续，我国经济的健康复苏和走向高涨必须依靠经济自身的活力，即依靠社会投资和社会消费的增长。可见，把握好着力点，采取促进、激励社会投资的有效措施，是搞好扩张性财政政策的重要内容。③把刺激消费作为扩张性财政政策的一项重要内容。当前内需不足与经济难以启动的症结，在于消费需求不振。启动社会投资的前提是振兴消费。有效扩张总需求的宏观政策，应该把刺激投资和刺激消费相结合，借助财政力量提高职工和低收入层的收入，采取多种鼓励消费的政策措施，着力于培育和推动住房、教育、旅游等新的消费热点，特别是要在改革深化中尽可能减轻基本消费群体预期消费支出增大的压力。扩大投资只应是支撑需求的短期和中期战略，我国经济发展的根本问题和长期战略应该是提高群众收入，强化消费拉动，走消费拉动投资的协调稳定、持续高增长之路，而不能一直维持重工业优先、投资需求畸增、投资与消费失衡的老路。④要把扩张性财政政策和适度扩张的货币政策相结合，即“适度双松”。基于当前出现通货紧缩的势态，货币政策应争取大的作为，要采取多种措施，适度增大基础货币供给量和扩大信贷，并使货币政策与财政政策密切配合，有效发挥刺激投资和消费的效应。⑤实行扩张性的宏观政策，既要着眼于当前扩大内需的迫切需求，又要着眼于中长期经济稳定增长的要求。需求不足是宏观经济运行中的严峻问题，但单靠加大松动和刺激力度，甚至饥不择食，采取超过现实经济承受能力的松动方法，或采取银行“开闸式”扩大信贷的方式，即不问企业效益自由供应信贷资金和听任低素质企业自由上市筹资，上述手段可能会加速市场起搏效应，但也有可能由此引发又一轮重复建设和通胀，从而使我国“一放就胀”“一管就死”“再放又胀”的不良循环继续延续下去。

第三，大力做好国有企业的改革，在盘活“源头”上振兴有效需求。当前的需求不足是转轨期体制和机制性矛盾导致的相对需求不足，它在根本上是体制病的表现，而不是货币供应不足所造成的。治理需求不足的根本在于改革体制、完善机制。当前特别要着力于做好国有企业的改革，转换企业经营机制。改革过程中矛盾的积累和国有经济活力的缺乏，是国内社会投资需求和消费需求不振的重要原因。治理现阶段经济运行中的需求不足问题，我们应该着眼于根本，要深化国有企业改革，从总体上盘活国有经济，强化“需求之本”，从源头上解决有效需求不足问题。

要在做好国有企业科学定位基础上，进行国有企业布局的大调整；要大力发展股份制，推进产权主体多元化，进行规范化的公司制改造，完善法人治理结构，健全企业产权制度，优化企业的组织结构。着眼于提高国有企业的素质、竞争力，从而增强控制力，从整体上盘活国有经济。要大力发展混合所有制，以股份制为载体，形成和发展一种新型的公有主导的社会资本。国有企业的搞活要求改革的全面推进，即要加快社会保障体系的改革，进行工资制度的改革，使其与就业、医疗、住房、教育等改革相匹配，特别是与国有企业大改组、职工下岗分流和失业扩大的形势相适应，避免和缓和改革深化阶段消费倾向下降的负效应。

第四，加快体制转轨，依靠市场调节机制和有效的政府宏观调控，大力调整结构，争取实现长期的总量、结构均衡。我国需求不足的主要成因是体制性的矛盾和生产方式与结构的缺陷，是制度转换和增长方式转换中的问题和矛盾。转型期的体制和机制的缺陷既使经济盲目扩张，催化“过热”，导致需求扩张和通胀，使经济呈现“短缺运行”，又在一定条件下造成基本消费群体收入增长滞后和有效需求不足，使经济呈现“过剩运行”。当前实行的反周期政策，在实现总量调整、有效需求得到扩大、市场逐步活跃后，经济过剩运行将逐步得到治理。但目前看来，实现充分的和旺盛的有效需求，使经济适度高增长，不是三五年的事。由于我国当前既面临着总量失衡，又面临着供给结构失衡，因此，宏观政策既要以扩大内需为着力点，又要大力调整和优化结构——产品结构、行业结构、地区结构，千方百计增大有效供给。在经济回升期，要特别注意结构优化、产业升级，在加入世界贸易组织的形势下，做好结构调整更是极为紧迫。即使是经过一定的阶段，有效需求不足问题基本解决后，能否保持国民经济持续稳定健康增长，特别是能否防止经济过热和通胀的再次发生，争取实现一种高增长、低通胀的运行势态，在于能否搞好结构调整。为此，既要充分发挥市场经济机制的自动调节、“协调”“致衡”的功能，又要有效地发挥政府宏观调控的功能。走上21世纪的中国经济在市场体制下实现持续的低通胀、适度高增长的运行的根本之途，在于加快推进以国有企业改革为中心环节的全面的体制改革，加快向市场体制的转轨，更早地在我国形成健全的市场调节与有效的政府调控共同作用下的新的经济运行机制。

（3）转型期国内有效供给不足的成因及其治理

我国当前经济运行的新态势是经济过剩运行，其原因既有有效需求增长不足，又有供给结构的失衡。当前全面的市场疲软表现出有效需求不足，特别是作为最终需求的消费需求增长的放慢和不足。但是也必须看到，有效供给不足、不适销对路的过剩供给的膨胀，也是使有效需求不足问题加剧的重要原因。有效供给的不足，使有效需求难以增长。有效需求不足和有效供给不足并存，就成为我国转轨期机制性经济过剩的特征。基于我国经济过剩运行的性质和特点，我主张要卓有成效地治理经济过剩，除了大力扩大有效需求之外，还需要切实增加有效供给。

我所用的“有效供给”的含义，在理论上是指能实现市场运行和销售的商品供给，是拥有与现实的市场需求相适应的使用价值和交换价值的商品供给；在现实中是指有效的总供给，即由各个微观主体生产和提供的、能最大限度地适应各类购买者需求的总供给和总产品结构，包括产品总量、类别结构、各类产品的数量，具体指适销对路，能刺激、调动和实现有效需求的产品，包括投资物品和消费品。

我认为，有效供给创造需求，有缺陷的供给则限制需求，有效供给不足进一步加剧了有效需求的不足。有效需求的形成既需要主体拥有购买力，又需要产品品质优、适销对路、价格适当。就消费品来说，产品是适销对路的，价格又是购买者能承受的，而且是与产品的质量相匹配的，使用价值或价格能给购买者带来消费使用利益，从而能刺激人们购买，这种消费品就是有效供给。可见，主体的消费欲取决于消费对象的使用价值，即它具有满足主体需求的能力和品质。消费品品质的提高，特别是新产品的开拓，有利于培育和形成主体的新的消费欲和新的消费行为，从而促进消费需求的扩大。而消费需求不振，既有居民收入增长滞后和预期支出增大造成的有效需求的不足，也存在着有效供给不足引起的被动的“消费延迟”“储币待购”，即人们所说的“想买的买不着”。如果社会经济机制呆滞，企业缺乏活力，技术进步和产品结构调整缓慢，产品难以激发居民的购买欲，或者居民想买但产品价格远远超过他们的现实承受力，那么，即使供给快速增加，也并不等于有效供给的增加，而是存在着许多不可能得到消费者认可的无效供给的“水分”，或过剩部分。

影响和加剧我国有效供给不足的一个重要因素是经济生活中长期存在的盲目生产、重复建设趋势，重复建设的“刹不住”，导致宏观政策“收紧”而过剩生产“不缩”，其结果必然是供给结构继续失衡，有效供给问题越发加剧。特别是在当前市场疲软的形势下，企业不是及时和大力进行产量调整和结构调整，大力从事产品创新，用新产品来开拓市场，而是仍然在原有技术条件下进行原有产品的扩张。企业不受市场制约的盲目扩张行为，使供给结构失衡和有效供给不足进一步加剧，从而加大了宏观的经济过剩，增加了企业生产经营的困难。

有效供给形成的主要杠杆有两个：一是科技进步和劳动生产率的提高，它是增进有效供给的物质基础；二是市场机制的作用，它是增进有效供给的制度基础。

有效供给是随着生产进步和劳动生产率的增长而增长的，特别是科技进步促进产品创新，使过时产品迅速被淘汰，品质优、技术含量高的新产品不断推出。这种不断更新和优化的产品结构不仅能适应发达的、成熟的经济发展中不断变化的需求，而且它本身又刺激和创造出新的需求，并使变化了的需求与变化了的供给相适应。我国是一个发展中国家，科技水平不高、科技力量薄弱是经济运行中有效供给不断增大的重要限制因素。

有效供给的不断增大，核心是发挥市场价格机制的调节作用。更具体地说，其一竞争性的市场价格调节生产什么和生产多少，这一竞争中形成的市场价格中准，以其优盈劣亏的功能促使那些生产质劣、成本高的产品的企业，及时进行产品和技术结构的调整，使不适销对路的生产转变为适销对路的有效供给；其二市场机制以其固有的优胜劣汰的功能，促使那些不能及时进行有效的自我调整的企业及其过时的技术与生产能力被淘汰，使技术先进、管理先进的优势企业占领市场，从而优化供给结构，使总供给更加有效；其三在银行、资本市场高度发达和产权高度流动化基础上形成的企业破产、兼并和发达的资产重组的机制，有效地促进企业的重组和产品、产业结构的调整及技术的升级，进而大大地促进供给结构的调整和优化。市场机制通过竞争和优胜劣汰的功能，发挥着强有力的生产与经济自我调整功能，使产品和供给结构适应于市场需求。市场作用的充分发挥不断把供给中与需求不适应的部分出清，使供给结构优化和适销化，从而实现供给有效化。当然，市场作用是自发性的，市场机制只是通过经济运行中日常的、不断的不均衡，逐步实现长期基本均衡。

1979年至今，我国发达的市场机制尚未形成。第一，由于企业实行现代企业制度的改革未完成，适应于市场而做出灵活、合理反应的微观主体尚未形成；第二，由于市场发育不足，价格机制对企业行为的引导和约束作用还不强；第三，由于专业银行商业化的改革还处在初始阶段，资本市场也尚未健全，企业行为还缺乏来自市场化金融体系的有效支撑和有效约束；第四，由于国有资产的流动重组的机制尚未充分形成，企业破产、兼并和重组还处在很不发达的阶段；第五，由于政企不分、政资不分的问题尚未解决，企业软预算约束尚未彻底解决。上述因素决定了我国多数企业缺乏适应市场及时、灵活、自觉地进行自我调整的自主行为。大多数国有企业普遍地表现出对市场价格机制的“不敏感”或“反应迟钝”，在结构调整和技术创新上缺乏建树，从而在市场急剧变化中长时期呈现出持续低效益复制的无效供给，市场价格→结构调整→有效供给增大的市场机制失灵或力量薄弱。微观的企业体制改革、宏观的市场体制改革和创新不到位，发达的市场体系和灵活的市场机制未形成，使市场的结构调整功能软弱无力，是国有企业结构调整和技术创新难以深入开展的最重要的原因。

因而，只有加快体制转轨，建立发达和完善的市场体制，才能为顺利地进行结构调整和形成有效供给创造制度前提。在转型期，我国应加快科技与制度创新，加大结构调整力度，形成有利于增加有效供给的体制、机制。

第一，刺激有效供给要落实在结构调整上。解决市场全面疲软和经济过剩，不能只是诉诸需求的扩大和货币的注入。单一的扩大需求，并不能解决结构失衡下产品重叠过剩与某些产品供给缺乏共存的问题。全面的和过度的需求扩张还会驱动重复建设的再起，甚至有可能诱发通胀。可见，治理经济过剩运行，应该把扩大需求与调整结构相结合。要实行刺激有效供给的供给管理政策，把促进优势企业的投资与企业加快技术创新和结构调整相结合。政府对企业实行的政策资源的支持，要以企业进行积极的和有科学根据的技术创新、新产品开发、产业升级和企业竞争力的增强为条件。也就是说，要使政策资源用于支持精选出的重点企业，推动其在技术创新、结构调整中提升竞争力，真正实现有效供给的增长。即使是国家给予有力支持的国有大企业，也要以企业进行有科学依据的技术创新和结构调整为条件，而不能听任企业在原有结构不变下搞数量扩张和“虚胖”。

第二，依靠科技进步，大力推进增长方式的转变，加强有效供给的物质基础。进入21世纪的世界，处在一场生产和增长方式大变革之中，依靠科技进步，实行产品结构调整、产业升级，用科技含量高、质优价廉的新产品来开拓市场，已经是当今世界的大潮流，也是缓解世界性的生产过剩的主要途径。人们不仅要以科技创新来增大有效供给，以有效供给来开拓市场，而且要以创造精益求精的新产品，增强消费吸引力，即以最大限度的有效供给来争夺因生产能力猛增而日益饱和的市场。基于我国供给结构的缺陷制约着内需这一情况，应该充分重视以有效供给来开拓有效需求。当前，应该在争取适度高增长基础上，把重点放在调整结构上来。要依靠科技进步，大力推进增长方式的转变，在产业升级基础上加快产品的升级换代，通过优质低耗的新产品的创新来切实增大有效供给，这是促使总供给与总需求相适应、实现内需持续扩大的根本之途。

第三，加快制度创新，有效发挥市场机制的调节作用。加快市场体制的构建，发挥市场机制的结构调整功能，形成创造有效供给的机制，包括：①大力构建能适应市场的、灵活调整产品结构的微观主体。其关键是：深化国有企业改革，加快构建现代企业制度，塑造适应市场、不断创新、不断自我调整和自我完善的微观主体。②大力构建统一的大市场，发育市场体系，全面形成市场机制，发挥市场的调节功能，加强价格机制的结构调整功能，促进产品的淘汰和更新，增加有效供给。③推动生产要素，特别是产权的流动化，形成资产流动重组机制。产品、产业、地区结构的调整和有效供给的形成，有赖于资本市场流动重组机制的进一步形成，在有效的优胜劣汰中，实现国有企业的战略性调整和产品结构的调整和创新。当前，要加快要素市场的发育，特别是要做好资本市场和产权市场的发展和健全运作。

第四，发挥政府在引导和促进结构调整中的作用。转型期的经济体制和机制的特征，决定了我国政府在经济结构调整中的特殊作用。①政府在形成实现结构自我调整的新体制和制度（包括交易、竞争、破产、兼并、产权等行为规则）中起决定作用。②产品与产业结构的优化，需要国有资产布局的调整，使国有资金集中于关键产业和部门。国有企业与其他非国有企业从事生产与经营的领域的定位，要由政府依法科学确定。③在国内生产总值中比例不会很大的纯国有和国家控股的领域，是产品开发和技术创新的策源地，在结构调整中企业资本金的充实和资本的加速积累需要政府的财力支持。④大力引导和促进企业科技进步和创新，加快产业升级和高新科技产业的发展。发挥政府在结构调整与技术进步中的引导、调节作用，创造有利于结构调整和技术创新的制度环境，建立体现公平竞争的交易制度和税收制度，完善有效筹集营运资本的银行信贷体系和资本市场，出台鼓励科技进步的财税制度。⑤发挥财政、金融杠杆扭转周期的功能。为了促进结构调整和技术进步，增大有效供给，迫切需要实行阶段性的促进有效供给的政策。其核心是：对企业减税，减轻各种税费负担，使企业降低营运成本，扩大盈利边际，提高投资积极性。

六 有关金融体制改革的观点

中国金融改革进程主要围绕着从计划经济到市场经济、由政府包办到发挥市场功能的线索展开。努力建设一个适应市场经济要求的，符合中国具体国情的，高效、稳定的金融体系必然成为中国金融体制改革的最终目标。为此，我提出了银行企业化论、金融有效宏观控制论、过度金融化论等金融体制改革的目标与方向。

1. 有关银行企业化

改革开放伊始，我就意识到金融领域改革的必要性和敏感性，认为金融体制改革须遵循马克思主义同中国实践相结合的原则，探讨和确定具有中国特色金融体制的理论模式，即中央银行集中领导下的，包括多种经济形式、多种金融机构的，实行企业化经营与运用多样信用形式的社会主义金融体系。我在1985年发表的《试论我国金融体制的改革》一文中提出，“金融体制改革的中心课题是实行专业银行和其他金融机构的企业化”，而“银行的企业化是商品经济中的银行的本性所决定的，它是把银行办成拥有旺盛活力的真正的社会主义银行的关键”①。

旧的金融体制的弊端，突出地表现为基层专业银行不具有相对独立的经济实体地位，政企不分，单纯地运用行政方法分配社会资金，实质上是国家分配资金的行政机构，而非责、权、利相结合的经济组织和企业，还不是“真正的银行”。这决定了它不从事货币经营和为此承担经济责任，而是进行国有资金的分配，造成了资金使用上的“大锅饭”。不仅资金使用的经济效益低，而且造成呆账和社会资金的大量损失，这使得本就存在的资金供应紧缺状况更加严重。在旧的金融体制下，银行缺乏自身的经济利益，加之银行内部工资分配上的平均主义，严重挫伤了银行职工的积极性，造成银行的效率低、效益差、“官商作风”盛行，阻碍了银行改进经营管理、革新物质技术手段及实现经营现代化的进程。银行所经营的对象是具有增值性的货币资金，后者要不间断地和迅速地周转，加之货币经营带有较大的风险性，要求银行本身具有机敏性、灵活性、能动性和充沛的活力。在社会主义商品经济迅速发展条件下，银行如果没有自主经营的能动性、积极性和首创性，要想适应商品经济发展的要求是不可能的。因此，随着经济体制改革的深入发展，改变银行的国家行政机构的性质，使之企业化就显

① 刘诗白：《试论我国金融体制的改革》，《财经科学》1985年第5期。

得十分必要。为此，银行改革须从以下几方面发力。

（1）赋予银行以资金占用权

我认为，银行企业化的关键则是赋予基层银行以资金占用权，使银行成为一个货币资金经营者，把基层专业银行变成真正独立核算、自主经营的企业。要使基层国营专业银行能够占用资金和支配资金，能够积累资金和通过盈利资金化以增强其经营资金，能够分享资金运营的利益和把经济效益与职工收入挂钩，使银行成为一个货币资金经营者。在实行银行营运资金的所有权（全民所有）、经营权（银行自主经营）相分离的场合，由于国家（通过中央银行）对专业银行资金运营进行有效的调节和管理，因而国家并不丧失其对资金的所有权，而银行只拥有资金的占用权。只有在这一金融管理体制下，银行才能真正成为全面经济核算制的经济组织，才能有效地实现责、权、利相结合，才能具有企业的地位，从根本上解决银行的活力与素质问题。

（2）金融机构的多样性

建立以全民所有制的国家银行为主体的多样性的银行体系，一方面坚持金融领域中全民所有制的国家银行的主体地位；另一方面适当地发展集体所有制的信用社和其他金融机构，以及侨资、外资银行，同时也允许个人之间的信用的存在。此外，还应允许建立投资公司、地方银行和地方信托公司及其他金融组织形式。

（3）信用形式的多元化

发展多种银行信用形式，发展商业信用，发展和利用股票、债券等信用形式，逐步建立和发展股票市场和债券市场，发展保险信用形式。在我看来，上述各种信用形式是社会主义信用机制发挥作用的杠杆、皮带与齿轮，共同构成一个发达的信用网络和信用机构。

我在1985年率先提出“银行企业化”的论题，主张根据现代产权理论中资金所有权和使用权相分离的原则赋予基层银行以资金占用权。这一论点在今天看来实际上是从法人财产角度论述了银行改革的方向，主张将法人产权机制引入商业银行，使之成为拥有独立法人财产的现代银行。这一观点当时在学术界可以说是罕有论及。

20世纪80年代中叶，金融体制改革尚未提上议程。我在1985年关于“银行企业化”和专业银行拥有“资金占有权”的论点尚属超前。我认为，“如果我们在今后，逐步地解决了银行企业化这个课题，中国现行金融体制缺乏活力和在资金分配上吃大锅饭的重大弊端就将得到根治……经济的运行就将因为有了一个高效率的金融机制而充满生机”[①]。这一设想，不仅在学术界产生了重要影响，而且引起了决策部门的高度重视。中国工商银行、中国农业银行、中国建设银行、中国银行等国有专业银行相继组建了自主经营的金融实体和法人，2003年国有商业银行开始实施股份制改革，以及招商银行、中信银行等一批股份制商业银行的发展壮大，表明“银行企业化经营”已成为金融体制改革的现实。

2. 金融有效宏观控制论

在金融市场化改革过程中，由于市场性的自由信贷活

① 刘诗白：《试论我国金融体制的改革》，《财经科学》1985年第5期。

动，因而信贷的自发性是不可避免的。对此，我认为："如果没有国家的自上而下的管理，不对这些自发作用加以限制，那么就可能出现信贷的盲目性、信用膨胀与货币贬值。"因此，我主张搞活金融和信用必须以切实加强中央银行的宏观控制为前提，"搞活必须管住"[①]。这就要求加强中央银行的职能，发挥它调节和管理信贷的作用，有效地实现对国民经济的宏观控制。为此，必须先建立中央银行的一整套强有力的调节杠杆，在确保中央银行——社会信贷管理中心——的集中控制力的基础上，形成社会信贷和金融管理中心的集中控制力，在强有力的中央银行的高效而熟练的宏观调节下实现金融信贷运行机制。

我认为，中央银行要依据货币流通的客观规律，探讨与确定每个年度合理的货币发行量，在此基础上制订科学的符合生产与流通需要的货币发行计划；中央银行要控制信贷规模，保持信贷的基本平衡；在管理和调节信贷活动中，中央银行要使用各种经济手段；中央银行在管理和调节信贷活动中，还必须运用必要的行政手段与法律手段；实行金融控制与调节的集中化（集中于中央银行）；建立能保证中央银行对专业银行进行管理的技术手段和信息系统。[②]

依据上述理论观点，1988年我在七届全国人大一次会议上联合蒋一苇、陶大镛、厉以宁、胡代光等经济学界代表提出《加强金融的宏观调控功能和全国人民代表大会对货币发行的监督》的议案，提出了四条具体的意见：

① 刘诗白：《试论我国金融体制的改革》，《财经科学》1985年第5期。

② 同上。

①增强和赋予中国人民银行以独立管理和调控货币发行量、信贷规模的权限。

②中国人民银行要进一步加强研究，按照我国经济稳定增长的方针，确定货币流通量和每年的货币增发数量。

③加强全国人民代表大会对中国人民银行货币发行和信用管理活动的监督，国家货币发行与信贷计划应由全国人民代表大会审查批准。财政收支不平衡发生赤字，需要从银行透支时，应经全国人民代表大会专门委员会审议和由大会批准。

④为了便于对中国人民银行的货币发行、信用管理和调控进行经常监督和制定有关政策，在全国人大常委会下设立金融政策委员会（或货币委员会）。

这一提案曾经在国内外引起强烈反响，新华社、《人民日报》《金融时报》《经济参考》等对此进行了广泛的报道。该提案开拓了金融体制改革的思路，有利于强化和改善宏观调控，引起了决策部门的高度重视。1995年《中国人民银行法》有关成立货币政策委员会的条款中规定："中国人民银行设立货币政策委员会。货币政策委员会的职责、组成和工作程序，由国务院规定，报全国人民代表大会常务委员会备案。""中国人民银行货币政策委员会应当在国家宏观调控、货币政策制定和调整中，发挥重要作用。"

当前我国正处于深化体制转轨的时期，金融创新的需求巨大，金融创新的发展空间相当广阔；与此同时，金融创新进程中容易引起系统性风险甚至系统崩溃的因素仍需要我们从理论上去反思现行的金融监管模式，明确中央银行在宏观审慎监管框架中的地位，赋予中央银行对重要性金融结构的监管权和控制权，完善宏观审慎监管框架，以防患于未然。

3. 过度金融化论

2008年9月雷曼兄弟公司破产引发了美国金融体系的系统性崩溃，一场被称为“百年一遇的金融海啸”奔涌而至。我认为这场危机并非是一项突发事件，而是资本主义周期性危机的新形式。金融垄断资本主推的经济过度金融化与虚拟化，特别是“有毒的”衍生金融产品的引进，使美国金融结构畸化和金融体系风险增大。我强调指出：金融危机尽管是金融体系内在矛盾激化的直接产物，但其最深层次的根源仍然是实体经济中不断扩张的生产能力与内生需求不足的矛盾。

我认为，经济的过度金融化是20世纪80年代以来美国经济发展的鲜明趋势。美国不仅是当代垄断资本主义的典型，而且是金融资本快速发展和占据主导的资本主义代表。其基本特征是：具有市场垄断性的大金融公司控制金融市场的交易，从而使金融业能够获得更高的额外利润，成为金融垄断资本“淘金”的沃土，而畸高的额外利润又成为更大量的社会资本流入金融业、货币信贷活动活跃和不断扩张的驱动力量；社会资本的流入和信贷、投资活动的发展，使金融业在国民经济中的比重大大提升。金融业的发展在带来信贷与投资扩大的同时，也预示着债务的增长和债务违约引发的信贷危机。美国经济出现了超过实体经济需要与承载能力的经济过度金融化和虚拟经济过度发展，并且其成为美国市场经济模式的鲜明特征。我将这种金融化、虚拟化过度的经济称为金融资本主导的市场经济。

（1）关于经济过度金融化的内在机制

我认为金融过度扩张的根源是市场经济中金融化、虚拟化的运行机制。为了适应融资与发展金融业务的需要，美国出现了包括衍生金融产品在内的证券多样化，金融产品日益增多。这些产品可以在资本市场迅速变现，由此发挥交易媒介功能，具有“准货币”性质。华尔街大公司在垄断利润驱使下不断实行花样百出的“金融自由创新”，多种金融产品，特别是衍生金融产品被创造出来并推向市场。虚拟资产市场交易，带有强烈的投机性，具有自我膨胀的机制。人们通过低价买进高价卖出，赚取投机利润，在市场上为哄抬虚拟资产价值而相互博弈，由此形成了金融资产交易中资产价格的膨胀和泡沫化。在证券交易带来资本市场自我膨胀的同时，衍生金融产品的滥用更是加剧了金融资产的泡沫化，从而使得一种倒金字塔式的虚拟资产不断自我扩大机制形成并发挥主导作用。

此外，金融业中通行的强激励机制，也是形成金融资产自我膨胀与泡沫化的助推器。这一机制是一把双刃剑。它一方面提升金融经营管理劳动的效率，另一方面又导致经营决策行为的投机性与风险性。华尔街不少金融高管在天价的报酬刺激下，头脑发热，丧失风险事业所必需的经营谨慎性，千方百计寻找和设计能“赚大钱”的金融工具，在金融活动中“不惜冒险一搏”，其畸化行为影响和造成了金融活动中的不良势态，强化了金融泡沫化发展和金融运行的不稳定性。

金融虚拟资产交易，是一项高风险交易。美国经济中金融化、虚拟化自由扩张的机制，助长了虚拟经济的自我膨胀，引发了虚拟资产运行的危机。当代市场经济体制频频爆发的金融危机，证明了金融虚拟资产交易从泡沫化到泡沫破裂，具有不以人们的意志为转移的客观必然性。

（2）关于过度金融化的深层根源

我认为美国的这场金融危机，是其金融体系的内在矛盾激化的直接产物，与其实体经济内在矛盾直接关联，最深层次的根源仍然是资本主义不断扩张的生产能力与内生需求不足的矛盾。

美国自20世纪80年代以来，一方面，通过科技革命与新技术的使用，大大提高了劳动生产率，不断扩大了总供给；另一方面，在新自由主义旗帜下的美国资本主义结构中，国民财富分配机制进一步畸化，收入差距进一步拉大，两极分化越发突出，决定了居民购买力需求的增长落后于生产能力的扩张。大众购买力的增长滞后和有效需求不足，是2001年以来美国住房信用扩大的现实基础，也是美国式的消费债务经济出现的深层次原因。在有效需求与供给能力的制度性失衡的大格局下，政府唯有借助信用扩张来刺激民众消费和支撑有效需求，刺激和扩大货币信用成为在有效需求不足经济中保持增长的外生力量和杠杆。政府引导的货币信用的扩大固然能够在短时期发挥创造和扩大需求的功能，甚至能带来短期经济增长，但货币信用的扩张无法根除生产能力扩张和有效需求不足的矛盾，持续的货币信用扩张必然滋生出一个过度金融化、虚拟化的畸化经济结构。

美国爆发的危机，其深层次原因仍然是来自实体经济的矛盾。在实体经济中扩大的生产能力受困于不足的有效需求的情况下，为了支撑市场需求，经济过度信用化、金融化、虚拟化的趋势将难以避免。而这一畸化的经济结构导致：金融体系因其庞大芜杂，内在矛盾更多和更加不稳定；膨大的虚拟经济与萎缩的实体经济的矛盾也更为突出。这一过度金融化的经济的运行不仅导致金融危机，而且也会使实体经济矛盾深化和演化为全面的经济危机。

金融危机引发了学界对危机根源进行研究的热潮，形成的理论观点非常丰富。对于危机的成因，西方学者的解释虽然不尽一致，但大同小异，诸如金融创新过度、金融投机泛滥、政府监管不严，等等。然而，对于其最深层的制度原因，却普遍缺乏系统的分析和深入的认识。少数学者自觉地运用马克思的理论逻辑来解释当前的金融危机，但一些研究由于缺乏对当代美国资本主义发展的新形势、新特点的充分了解和第一手资料，缺乏对金融机制虚拟化、过度膨胀的深度分析。

我早在2007年秋次贷危机前后积极地通过各种渠道了解华尔街的最新咨讯，掌握了大量的第一手数据资料，并对当时人们还很陌生的CDO（Collateralized Debt Obligation，担保债务凭证）、CDS（Credit Default Swap，信用违约互换）进行了系统的学习和研究；充分考察了当代资本主义世界的新特点，运用马克思主义的基本理论和思想方法，对金融危机的制度根源做出了深刻解剖。我回顾了我在2010年发表的《论过度金融化与美国的金融危机》一文，进行了美国资本主义经济固有的金融化、虚拟化的趋势，以及新自由主义政策对这一趋势的助长，导致经济过度金融化和过度虚拟化、泡沫化，最终导致危机发生的论述，认为在资本主义制度框架下，难以制止由私人金融垄断推动的金融自由演化和经济的过度虚拟化，因而，制度性的周期性经济危机仍将是资本主义经济运行中难以摆脱的痼疾。我的分析也并不局限于资本主义，相反，我把理论分析的最终落脚点放在了中国，指出中国不能盲目崇拜华尔街和照搬美国金融制度，而要致力于完善适应社会主义市场经济性质和要求的金融结构，构建富有活力、“活而不乱”、政府能加以有效调控的社会主义金融体系。

七　关于社会主义政治经济学的若干理论问题

1. 政治经济学要拓宽研究范围，革新研究方法

什么是政治经济学的对象？生产力是不是政治经济学的对象？这是马克思主义政治经济学研究中长期争论的一个问题。苏联从20世纪20年代以来就开始讨论这一问题，我国在20世纪50年代末和20世纪70年代末也有两次大讨论。斯大林在《苏联社会主义经济问题》中对政治经济学的对象下了这样的定义：“①政治经济学的对象是人们的生产关系，即经济关系。这里包括生产资料的所有制形式。②由此产生的各种不同社会集团在生产中的地位以及他们的相互关系。③完全以它们为转移的产品分配形式。”[1]受苏联传统教科书的

① 斯大林：《苏联社会主义经济问题》，人民出版社，1952年，第58页。

影响，我国理论界也长期认同这一定义。对此，我形成并提出了自己独特的观点。

我发表在《经济研究》1961年第10期上的《论马克思列宁主义政治经济学的对象》一文中提出，要把研究范围和对象范围加以区分。对象范围是一门学科，要通过研究以揭示出其客观规律的一个特定的区域。把客观事物的一个特定的领域作为研究对象，作为这门学科要发现其规律的客体，这就叫对象范围。但是由于客观事物处于普遍联系之中，某一特定领域的事物的运动与其他领域的事物的运动，是互相关联的。因此，对这一特定的对象范围的事物的规律的研究，不能不涉及其对象范围以外的更为广大的领域，这些为研究独特的对象范围而涉及的更广阔的客观事物领域就叫研究范围。因此，马克思主义政治经济学一方面十分明确地把生产关系作为对象，另一方面又紧密联系生产力来研究生产关系，反对脱离生产的物质技术基础、抛开劳动方式来孤立地研究生产关系的形而上学。这种把研究对象和研究范围加以区别又加以联系体现了马克思主义唯物辩证法的方法论。

因此，我主张研究对象与研究范围是两个不同的范畴，研究范围总是大于对象范围。我认为政治经济学以生产关系为对象，以揭示社会生产关系的运动规律为任务。但它的研究范围不限于生产关系。由于生产力和生产关系联系密切，生产力是生产关系变动的决定因素，因而为了阐明生产关系的运动规律，也要联系生产力的状况，从而涉及对生产力的研究；与生产关系相联系和制约着生产关系的还有政治、法律等上层建筑，所以，政治经济学还要在一定程度上研究上层建筑；与生产力相联系的还有人的精神作用，包括思想、道德观念、觉悟水平和文化水平的作用，所以政治经济学还要在一定程度上涉及对伦理道德与文化教育的经济作用的研究。①

我国改革开放后，邓小平阐述了中国特色社会主义理论，提出了搞社会主义首先要解放和发展生产力的论题。基于“紧密联系生产力、上层建筑研究生产关系”的学术观点，我提出了要把生产力发展运动的规律和经济运行机制纳入政治经济学的研究范围，构建新的理论体系，从而更好地服务于社会主义经济建设这一中心目标。为此，就必须深刻地分析社会主义再生产过程中生产、分配、交换、消费诸环节的运动，还要对社会主义经济运行规律进行深入研究和总结，以指导经济活动的实践，不能把政治经济学的任务和内容只限于几条抽象的“规律”。

20世纪90年代初，我又主张把人民财富的最大增值、合理分配与优化作为政治经济学的基本内容并上升到理论形态，从而为拓宽政治经济学研究范围提供了新的思路。我认为，社会主义政治经济学的基本内容应是人民财富学。②③我在主编并于1992年出版的《社会主义经济学原论》一书中，实际上把对“人民财富”的研究作为贯穿全书的一条主

---

① 刘诗白：《论马克思列宁主义政治经济学的对象》，《经济研究》1961年第10期。

② 刘诗白：《社会主义经济学原论》，人民出版社，1992年。

③ 刘诗白：《论社会主义物质基础与物质富裕》，《社会科学战线》1988年第4期。

线。这一构架的新颖独特之处在于：把人民财富的最大增值、合理分配与优化使用作为社会主义政治经济学的基本内容；把人民财富上升为一种理论形态进行全方位的分析、归纳和科学概括。我的这种人民财富观，体现了一种新观念和新思维，即把社会主义现代化和实现人民生活富裕化作为我国社会主义发展的两个主轴，以富国裕民为要旨。这也是我为革新社会主义政治经济学提出的一条重要思路。

近年来，针对当代文化、科技、生态等领域商品关系大大扩展的新现实，我又进一步强调政治经济学研究范围应从物质产品领域扩大到服务产品领域进而扩大到知识（信息）产品领域，通过更紧密地联系科技创新、生态环境以及文化精神等方面的状况和影响来揭示社会主义生产关系的规律，特别是把对市场经济运行规律的揭示作为重要研究内容。①

改革开放之初，对于还存在商品生产与交换关系的社会主义初级阶段，带有商品性的社会主义经济结构分外复杂。为了自觉地组织、调节与完善社会主义生产关系，使之更充分地适合生产力的性质，这就要求对社会主义生产关系体系进行全面研究，通过分析其内在联系来揭示社会主义生产关系发展和完善的客观规律。我在1983年提交给“孙冶方经济思想学术讨论会”的论文《全面地研究社会主义生产关系体系》中，明确提出应从广度和深度上研究社会主义生产关系体系。

从广度上，不仅要研究社会主义的生产、分配、交换、

① 刘诗白：《马克思主义政治经济学的时代发展与理论创新》，《政治经济学评论》2010年第1期。

消费四个方面，或生产关系的四维形态，而且有必要将生产、分配、交换、消费四个方面进一步再划分为许多环节和侧面，这实际上是研究生产关系的多样具体形式或多维形态。

从深度上，就是要研究生产、分配、交换、消费四个方面之间的内在有机联系，揭示由这些生产关系组合成的宏观的社会经济结构的内在层次。社会主义经济机体除了可以剖析为生产关系、分配关系、交换关系和消费关系这一四维经济结构以外，还可以剖析为由所有制形式、企业生产组织形式、企业经营管理形式、社会生产组织形式、国民经济管理形式形成的纵横的或立体的社会经济组织形式。

所有制关系是原生性（即基层性）的里层性的生产关系，企业的生产组织与经营管理体现的生产关系，是基层性的表层性的关系。国民经济管理体制是上层性的生产关系，是所有制关系派生的。要使作为上层性的生产关系的国民经济管理体制与基层性生产关系的要求相适应，要使基层性生产关系的表层与基层性生产关系的里层相适应，要使各层次的社会主义生产关系相互适应，最根本的是要保证社会主义所有制形式与生产力的性质相适应。保证社会主义生产关系体系全面地适应生产力的性质，社会主义社会生产力生气勃勃发展的根源正在于此。

我在1986年发表的《社会主义政治经济学与经济运行机制的研究》一文中提出了社会主义政治经济学理论体系还应将经济运行机制纳入的观点。社会主义经济运行机制包括宏观、微观和中观的经济运行机制。宏观的经济运行机制是从国民经济总体上来研究社会再生产和各种经济活动；微观的经济运行机制是从企业的角度来研究生产、分配、交换等经济活动；中观的经济运行机制是从一个城市、一个部门的角度来研究经济活动。社会主义经济运行机制应重点研究经济增长机制、消费增长机制、总供求平衡机制等。只有通过对经济运行机制的全方位的分析与研究，才能更好地揭示社会主义经济的现实运动及其规律，从而更好地指导与服务于社会主义经济建设。

拓宽政治经济学的研究范围，全面研究社会主义生产关系体系，特别是对社会主义经济运行机制的分析，必然涉及政治经济学研究方法的发展和完善。

对此，我认为政治经济学的研究方法不能是单一的，而应是一个方法体系。唯物辩证法和历史唯物主义是马克思主义政治经济学的根本方法，建立和形成中国经济学，同样要坚持这一方法论。同时它还有其特殊的方法，即科学抽象法。此外，还有历史的方法、归纳法、演绎法，甚至采用一定程度的数学方法。可以说《资本论》中存在着以唯物辩证法为“纲”，以科学抽象法为主干，以其他方法为“目”的多层次的方法论体系。①

科学抽象法是进行社会主义生产关系研究——制度分析的需要。政治经济学不仅需要研究有关经济活动的具体组织形式，以及大量多种多样的经济运行问题、生产力的组织问题，而且要通过上述经济活动的具体组织，深入经济关系

① 刘诗白：《刘诗白文集（第二卷） 资本论研究》，西南财经大学出版社，1999年，第67页。

的里层，揭示社会主义生产关系发展变化的状况和性质。不使用科学抽象法，就不能触及深层的制度。只是借助实践材料的验证，就事论事，这种方法是与经济科学不相容的。正确而合理地使用科学抽象法，要基于对生产关系和生产力的矛盾的科学估量，并且按照解放和发展生产力的现实需要和社会主义初级阶段的性质，有效地加以利用，合理地予以调节、引导，促使社会主义生产关系逐步完善。

我认为，在社会主义政治经济学的研究中，除坚持科学抽象法之外，还应运用数量分析方法。1985—1986年，我发表了多篇论文论证了这一观点。①社会主义政治经济学的研究对象，是社会主义生产关系及其运动的规律性。只有在对生产关系的定性分析中辅之以定量分析，才能真正最完备地阐明社会主义生产关系的性质及其运动规律。②社会主义政治经济学还应研究社会主义经济运行机制，要揭示共同形成国民经济活动的各个不同种类与不同层次的经济活动之间的内在联系，以及它们之间的数量关系，[①]如需求量、供给量、货币发行量、投资量、工资量，等等。在研究中运用数量分析方法，能阐明经济活动与经济过程之间量的关系，可以使人们从复杂的经济现象中分离出若干独立变量，找出各种变量之间的相互依存关系，区分出内生变量和外生变量，制定各种经济平衡方程式，建立各种数学模型，从而利用它们来进行经济预测，制订经济计划。为此，我主张有效的宏观调控必须建立在对经济过程精确分析的基础之上，否则就

① 刘诗白：《刘诗白文集（第三卷） 政治经济学研究》，西南财经大学出版社，1999年，第121页。

难以避免决策失误和“瞎指挥”。③我认为，把数学分析应用于经济学之中，体现了经济学与数学的交叉和融合，这是当代社会科学综合化的一个重要表现，也是经济学进一步科学化的必然发展趋势。

2. 在理论创新中发展社会主义政治经济学，学以致用，致力于解决重大实践问题

马克思主义政治经济学自创立一个多世纪以来，以其与时俱进的思想品质在人类社会经济发展的进程及伟大实践中不断创新。特别是20世纪后半期在中国经济改革实践的推动下，中国社会主义政治经济学取得了巨大发展：构建起以社会主义市场经济理论为基础的新体系结构；拓宽了研究范围，通过更紧密地联系科技创新、生态环境以及文化精神等方面的状况和影响来揭示社会主义生产关系的规律，特别是把对市场经济运行规律的揭示作为重要研究内容；在方法上除了坚持马克思分析经济现象的科学抽象法，还适当引进了现代数量分析工具与方法。上述一系列的创新大大增强了马克思主义政治经济学的科学性与实践功能。

社会主义市场经济理论的形成是改革开放以来中国经济学研究取得的最重大的成果。正是在这一理论的指引下，中国成功实施了改革开放这一伟大的战略决策，展现了举世瞩目的中国经济起飞。社会主义市场经济理论是1978年以来中国改革开放实践经验的理论升华。这一崭新理论的确立，使我国改革的目标模式得以明确，各项重大改革措施得以有序和顺理成章地推出。这一有关社会主义经济性质理论的阐明

和创新，也为我们参与和正在从事的富有中国气派的中国特色社会主义政治经济学的编著奠定了理论基础。

所有制形式必须适应生产力的水平和性质，是马克思主义的基本原理。我国社会主义所有制的建设和发展，必须立足于我国物质生产力的性质和发展的要求。改革开放40多年来，我党坚持马克思主义理论和中国特色社会主义理论，从我国物质生产技术条件和生产力水平实际出发，走出了一条所有制改革和创新的成功道路，对所有制改革伟大实践的经验总结，极大地推进了马克思所有制理论的时代创新。

构建社会主义市场经济体制，要从构建市场主体结构着手，为此要进行市场主体财产权构建。中国产权制度改革中取得的最重大成就是：找到了在公有制基础上构建微观组织主体财产权的形式和方法。中国的微观组织产权制度改革的开展和推进，体现了理论与实践的互动。开展和支持基层和企业进行产权改革的实践探索，及时总结实践经验，集中了理论家的智慧，由此形成了有关财产权的正确理论和进行产权改革的正确政策、措施。40多年的产权制度改革结出了丰硕的理论成果，带来和实现了社会主义产权理论的大发展和大创新。

建设中国特色社会主义的理论，在改革实践中不断发展和丰富，特别是以社会主义市场经济为目标模式的有中国特色的社会主义经济理论研究成果斐然。有关社会主义市场经济的性质，社会主义经济制度多元性结构、公有制具体形式多样性，国有企业产权制度和公司化改造，科技创新与现代财富创造，按劳分配与按要素分配，以及经济过剩运行和经济结构调整等一系列重大理论和重大实践问题的激烈讨论，活跃了学术思想，破除了传统观念，形成了新的经济命题、论断。实践表明，经济理论创新对我国体制改革的推进起着重要的指导作用。

中国进入了崭新的发展阶段，当前我们面临着加快体制转轨，构建更加成熟、完善的社会主义市场体制的迫切任务。我们需要进一步加强对社会主义市场经济理论的研究，对我国新时期改革、开放、发展中的重大理论问题和实践问题做出科学回答。努力提高理论与实际结合的紧密性，理论阐述的深刻性，反映现实的准确性和理论结构的完整性。总之，在社会主义经济理论研究中贯彻与时俱进，锐意理论创新，既是时代的需要，也是社会主义理论经济学自身健康发展的需要。

科学不仅要说明世界，而且要指导人们去改变、发展和完善世界。对于作为社会科学的经济学来讲，它的指导实践、服务于社会经济生活的“致用功能”更是十分明显。“政治经济学”在西欧，从中世纪到19世纪，一直被视为是“使国家致富”的研究。20世纪30年代以来，发达资本主义国家实行“有调控的市场经济”，当代西方经济学更是强化了它的应用功能。而马克思主义经济学更是公开宣称它要服务于批判旧世界、创造新世界的目标，从而更加强调它的致用功能。当代世界各国的实践表明，经济生活矛盾越多，就越需要经济理论的指导。这一严峻的现实，使多数经济学家在经济学的致用性上达成共识。可以说，当今世界人们对经济学进行社会评价的标准，更加偏重它指导社会改造、经济改革和经济发展的实践效果。因此，经济学不仅对某一经济现象要深刻全面地说明它是什么，为什么这样；而且还应说明人们进一步应该怎么做。如果理论脱离实际，片面追求形式的“完美性”，逻辑推导即使有如数学一样的精确性，有如“体系的全面而系统”“博大而精深”，而不能说明经济生活中的重大现实问题，这种缺乏实践功能的理论无疑是十分苍白的。

当前，我国正处在迈向全面建成小康社会和全面建设社会主义现代化国家的新时代，更需要构建一门理论与实践密切结合、具有很强实践功能的中国经济学。这就需要从理论上说明并解决好什么是市场经济，什么是社会主义市场经济和怎样来建设社会主义市场经济，等等。发扬“学以致用”的务实精神，更加自觉地使经济学研究聚焦于改革开放和经济发展的实际问题，是进一步发展经济理论的需要，也是中国经济学的重要特征。

叁

我对改革开放的关注与治学体会

一 为新时代中国特色社会主义建设伟大事业继续奋斗

科学社会主义由理论形态转化为人民的实践和现实，无疑是20世纪最重大的社会历史事件。1917年俄国十月革命的胜利，揭开了世界社会主义建设的历史篇章。“二战”后部分国家走上社会主义的道路。1949年，中国共产党人在毛泽东思想指引下取得了新民主主义革命的胜利，建立了中华人民共和国，并且逐步启动了社会主义革命和社会主义建设。社会主义合乎历史规律而生，但也是一个新生事物，需要在总结实践经验中摸索寻找与本国国情相适应的体制形式。因此，社会主义发展不可能一帆风顺，它在前进中遭遇困难甚至发生曲折都是正常的。1989年的苏联东欧社会主义挫败，就是社会主义发展过程中的一次大曲折。社会主义拥有强大生命力，是具有自我完善能力的新社会形态，它在历艰克难中向前迈进的步伐是任何力量也不能加以遏阻的。在一些西方人士欢呼“历史的终结”和西方自由、民主模式的胜利之时，中国正在开展一场生气勃勃的社会主义的自我完善和体制创新。1978年以来，在邓小平睿智领导下，有着坚持理论与实践相结合的优良传统的中国共产党人，站在时代的高度，冷静而深入地总结了苏东挫败以及中华人民共和国成立后一段时间的工作失误，及时、果敢地做出了实行改革开放和建设中国特色社会主义的伟大战略决策，拨正了中国社会主义前进的历史方向。

进行经济体制改革是这场社会大革新的第一战役。中国摒弃了西方人士极力推荐的新自由主义经济模式，坚持走在社会主义制度基础上引进市场的改革之路，经过40多年的大胆探索，成功地在中国构建起以公有制为主体、多种所有制经济共同发展、充分发挥市场机制功能的社会主义市场经济体制。这是一种由“看不见的手”和“看得见的手”二者有机结合的崭新市场经济模式，一方面，它依靠市场力量调动亿万人民的劳动、创业和企业创新发展的积极性；另一方面，它又通过发挥政府调控、引导市场运行的功能，避免了经济大起伏，保障和维护经济稳定增长。中国新市场经济模式激活了国民经济，带来40多年经济以约8%的增长率高速增长，经济结构不断优化，一些产业技术跃升到世界先进水平。2018年中国GDP已经超过80万亿元人民币，位居世界第二，人民的收入水平不断提高。肇始于1979年的中国经济体制大革新实现了人类历史上一次史无前例的经济起飞，社会进步和国力增强谱写出20世纪末以来世界历史中中国崛起这一最华丽的篇章。而就在这一时段内，资本主义世界遭受了2008年爆发的美国金融危机的沉重打击，众多国家经济长期不振，美国、英国等大国社会、政治矛盾不断加剧，大国思想精英们也惊呼“西方自由资本主义危机的到来”。

中国的改革是一场全域性的改革，是一次社会革命，它由经济改革开始，逐步向其他社会领域扩展。党的十八大以来，改革加大了势头，在经济、政治、党建、社会、文化、生态等领域全面推进。党的十九大宣告我国进入了中国特色社会主义发展的新时代，提出了我国建设分两步走，在21世纪中叶实现社会主义现代化的宏伟目标，绘制了新时代进行改革、开放、建设的具体蓝图。当前，在习近平新时代中国特色社会主义思想指引下，新一轮改革和发展大潮正在中国大地涌现。

经济体制改革，仍然是我国新时代改革的一项重头戏。经过40多年的探索，中国社会主义市场经济体制已经形成，但经济改革的任务还十分繁重，改革还需要进一步完善。国有企业的改革还要深化，市场化改革还要向农村土地产权领域推进，发展和增强社会服务供给的改革还需加大力度。40多年改革实践的经验启示我们：在坚持社会主义基本经济制度和坚持社会主义文化制度条件下，通过深度改革，形成完善的公平竞争的市场经济体制，充分发挥市场驱动万民创业、提高质量、优化结构和促进创新的功能，同时有效发挥政府的调控、分配调节和公共品提供的功能，将使国民经济最大搞活，同时又活而不乱。总之，坚持改革，进一步完善社会主义市场经济，进一步激活经济，进一步挖掘内生潜力，将为新时代我国经济持续强劲发展提供体制保障。

进入深水区的我国经济改革的顺利推进，需要研究的重大现实问题很多。另外，中国40多年成功地实现高度集中的计划体制向社会主义市场经济的平稳转型的经验，以及在生产技术落后的条件下实现经济社会大跨越发展的经验也需要进行深入的理论总结，形成中国版的社会主义政治经济学。习近平总书记要求我们构写“中国理论”，彰显“中国智慧”，构建充分汲取人类一切优秀学术成果，特别是充分汲取中国优秀传统文化成果，具有中国特色、中国气派的中国经济学。新时代向我们提出了更繁重的理论任务，中国经济学工作者大有可为，承担着重要责任和使命。我寄希望于年轻的经济学家，祝愿中国经济学进一步繁荣。我有幸逢盛世，有幸能成为中华民族伟大复兴的追梦者，我虽年迈，但还欲有一分热、发一分光。

习近平总书记在十九大报告中指出，时代是思想之母，实践是理论之源。实践没有止境，理论创新也没有止境。我们必须在理论上跟上时代，不断认识规律，不断推进理论创新等。为此，必须推进马克思主义中国化、时代化、大众化等。回顾我的学术研究轨迹——从政治经济学的研究对象到研究方法、从社会主义初级阶段到所有制多元论、从社会主义市场经济到主体产权、从体制转型到国有企业改革、从科技创新到现代财富，等等——刻画了一条中国特色社会主义经济理论创新与实践发展的逻辑主线。教书育人和学术研究要始终坚持以马克思主义为指导，真懂、真信、真用马克思主义；要始终坚持将马克思主义理论与当代中国实际相结合，推动马克思主义经济学的中国化；要始终坚持扎根中国大地做学问，为党和人民述学立论。要自觉做共产主义远大理想和中国特色社会主义共同理想的坚定信仰者和忠实实践者，充分展现一个马克思主义经济学家与时代、与历史、与大众相生相应的思想轨迹和人生航迹。

二 我的治学体会

自1946年我撰写了《资本主义的农业》这篇毕业论文开

始，我在经济学这个园地里笔耕已逾70载，公开发表了学术论文300多篇，出版了学术专著20多种。回顾数十载的治学之路，我有以下几点体会：

①要确立共产主义的远大理想，始终忠诚于中国特色社会主义伟大事业，自觉做社会主义学术建设大军中的一普通兵。

②进行学术研究要有强烈的时代感，坚持理论与实践相结合。一个马克思主义理论经济学家，要始终坚持把马克思主义一般原理与实践经验相结合，强调根据新的实践进行理论创新，在发展中坚持马克思主义。不做学究式的书斋学者，而是要从现实经济生活中寻找思维源泉，为发展和创新马克思主义经济理论竭尽绵力。尽管我垂垂老矣，但仍坚持为新时代中国特色社会主义伟大事业笔耕不辍。

③学术研究需要谦逊，要有勇于自我否定的治学精神。在我70多年的学术生涯中，由于认知和时代背景等诸种因素的限制，我对某些问题的认识也并不是没有曲折的，对某些问题的最初思考也不像后来那样清晰和明确。宏观背景的变动也曾给我的某些论述打下烙印。但是我始终坚持不渝的信条是：理论必须通过实践检验与修正，思维必须创新。在理论探索中要敢于自我否定，在自我否定中自我修正、自我完善。

④学无止境，创新至乐，这是我的人生信条。我主攻的是经济学，但为弄清20世纪末的高技术革命对当代经济社会发展的重要作用，2010年以来，我阅读了大量包括基因分子生物学、认知理论与脑科学、天文学、物理学等在内的自然

科学书籍。我将最近7年来跨学科阅读的心得整理成《自然哲学笔记》一书，该书聚焦于宇宙的生成，生命体的产生和本性，人类的认知、情感、道德理念这三项论题，并立足于辩证唯物主义和现代自然科学新成果之上对其进行了理论思考。该书已交由四川人民出版社出版，是《刘诗白选集》的第Ⅱ卷。

附　　录

一 代表作

论发展社会主义商品经济与利用市场①

1. 加快四个现代化的步伐，必须大力发展社会主义商品经济

进行社会主义经济建设，必须根据社会主义生产方式的客观规律办事。我国是从一个经济落后的国家走上社会主义道路的，在生产资料所有制的社会主义改造取得基本胜利以后，还处在不发达或不完全的社会主义阶段。社会主义生产方式初始阶段的一个重要特征是还存在广泛的商品经济。这是因为，由于存在社会主义公有制的两种形式，它们之间在根本利益上是一致的，但也还存在着经济利益不同的矛盾，从而决定了公有制两种形式之间的劳动交换，要通过商品交换来进行；社会主义集体所有制企业间存在着集体利益不同的矛盾，因而它们之间的劳动交换也要实行商品交换；城乡间都还存在少量的个体所有制（包括集体农民的自留地、家庭副业与某些城市居民的个体经营）以及由此决定的商品生产。此外，全民所有制的消费品生产也是商品生产，而且全民所有制企业之间进行交换的生产资料的生产，同样带有商品生产的性质。这是因为不发达社会主义阶段的全民所有制还不成熟，企业对产品有一定的局部占有关系，还具有与

① 刘诗白：《论发展社会主义商品经济与利用市场》，《社会科学研究》1979年第2期。

真正的“全民”利益相区别的企业自身特有的经济利益。这种情况决定了企业不能将它的产品无偿地让渡给对方，它在让渡自己生产的产品时，不能不考虑与计较生产中的劳动耗费能否得到补偿，不能不关心它的生产与交换活动能否给企业带来物质利益，从而决定了产品的商品性质。可见，不发达社会主义阶段的生产具有普遍的商品生产的性质，这是由社会主义初级发展阶段所有制的性质所决定的。社会主义经济的商品性，要求在国民经济的计划管理中，在组织社会生产、交换、分配、消费中，必须遵循社会主义商品经济的客观规律，大力发展与完善社会主义商品经济，充分发挥商品交换对生产的积极促进作用。

但是，自20世纪50年代以来，我国社会主义经济建设在国民经济计划管理上承袭苏联的管理体制，对全民所有制企业的物资管理采用统购包销，在财政上采用全收全支，极大地束缚了社会主义商品经济的发展和完善。特别是由于1958年大刮“共产风”，以及“文化大革命”推行极“左”路线，曾经两度大规模地削弱与破坏商品经济。例如取缔集市贸易，不许社员出售自留地和家庭副业的产品；只许社员进行自给性的生产，甚至干脆取消自留地和家庭副业。不许人民公社集体所有制企业搞多种经营和社队工业，强行征购社队的农副产品，不准社队进行市场交换。在农产品定价上反对按价值规律办事，实际上是用产品调拨来取代农产品的商品交换。提倡全民所有制企业间不分你我，吃大锅饭，用直接产品分配来取代全民所有制企业间的商品交换关系。极“左”路线是把社会主义商品经济强行变成形式上的商品经济而实际上的产品经济，使我国出现了社会经济向实物化的自然经济逆转的倾向。就农村而言，不少地区出现了农业生产中社会分工被破坏，集体经济商品率降低和经济自给自足性增长的状况。就整个国民经济而言，出现了各个地区（如省与省）间社会分工被破坏，地区间商品交换被削弱，按行政区划实行自给自足的倾向。就全民所有制企业而言，出现了搞大而全、小而全，万事不求人，在企业范围内自给化的倾向。这种经济向实物化的自然经济逆转，与现代社会化大生产的发展方向是背道而驰的，它必然抑阻和破坏我国社会生产力的发展。

我国社会主义建设中商品经济未能得到充分的运用，除了错误路线的干扰外，还存在认识上的原因。长期以来，在国际共产主义运动中流行着社会主义生产方式一旦产生，商品经济就被产品经济所取代的理论观点。马克思和恩格斯在19世纪还不曾有社会主义革命的胜利和社会主义经济建设的实践经验情况下，曾经设想在发达的资本主义国家一旦出现生产资料归全社会所有，商品经济就被产品经济所代替，社会主义按劳分配不是通过商品货币关系而是由劳动券来实现。无疑，科学的态度不是拘泥于经典作家的个别论断，而是完整地、准确地掌握马克思主义的科学体系。但是，十月革命前许多西欧的社会主义者并未采取这样的立场，他们固守社会主义一旦胜利商品货币就消亡的观点。在十月革命后军事共产主义时期，由于物质缺乏的历史条件，也由于经验不足与认识的错误，俄共（布）曾经主张和实行共产主义的产品分配来代替商品生产与交换，并准备在不久的将来消灭货币。列宁及时总结了苏维埃政权初期革命与建设的经验教训，提出了新经济政策。根据苏维埃俄国在革命胜利后革命与建设的实践经验，他对商品经济问题进行了新的论述，阐明了像俄国这样原先经济落后的国家，在走向社会主义的整个过渡时期还必须保留商品生产，论述了全民所有制的国有企业要实行“商业原则”，搞商品生产与交换。在列宁大力纠正前一时期按共产主义产品交换和分配原则来组织国民经济的错误时，“左”派共产主义者及托洛茨基分子却继续对商品货币关系持否定的态度。这批“左”的反对派用“实行商品经济就是复辟资本主义”的极“左”口号，来反对列宁发展和利用商品经济的正确路线。此后，斯大林晚年在《苏联社会主义经济问题》一书中，从理论上论证了在生产资料的社会主义改造完成后，还必须保留商品生产的原因，阐明了社会主义商品生产的性质和发展社会主义商品生产的重要意义。斯大林关于社会主义制度下商品生产的理论，对苏联20世纪20年代以来经济理论界长期存在的社会主义经济是产品经济的错误思潮，进行了澄清和做出了正确的总结。但是，在《苏联社会主义经济问题》这本书中，斯大林将商品限于全民所有制与集体所有制间交换的产品，以及国家和职工间交换的消费品领域。他认为全民所有制企业间交换的产品，只保留商品的外壳，实质上不是商品。他过分强调对社会主义商品交换范围的限制，例如反对将拖拉机等主要生产资料作为商品在全民所有制与集体所有制间进行交换。斯大林过早地主张把集体所有制与国家间进行农产品的商品交换向产品交换过渡，忽视了进一步发展与运用集体经济的商品性质，以促进社会主义农业生产的社会化。斯大林对社会主义生产方式的不发达阶段商品经济存在的原因、性质、范围、作用、前途等一系列问题，也未能做出全面的科学阐明。斯大林在社会主义商品理论上的不彻底认识，导致了在国民经济管理体制中实行过度的中央集权，使全民所有制企业以及集体所有制企业缺乏从事商品生产的必要权利，妨碍了社会主义商品经济关系的发展和完善。

如果说斯大林只是在社会主义制度下的商品生产问题上没有将理论贯彻到底，未能彻底克服产品经济的影响，那么在我国，极“左”思潮宣扬的商品消亡论就完全回到了斯大林所批判的托洛茨基分子的极“左”理论。针对1958年在社会主义商品理论上的极“左”思潮，毛泽东同志曾做出如下评述：现在我们有些人大有消灭商品之势，看见商品生产就发愁，以为是资本主义。但是，由于我们对于这种可以称为“恐商症”的极“左”思潮未能从理论上进行彻底的清算，因而在“文化大革命”中“恐商”理论进一步发展，“四人帮”一伙鼓吹社会主义商品生产必定要产生与复辟资本主义，并且竭力地推行一条破坏社会主义商品经济的极“左”路线。他们这一套极“左”理论与路线的影响，迄今还未完全肃清，例如不少同志至今对于我国现阶段必须大力发展社会主义商品生产的意义认识不足，不少实际工作同志还心有余悸，还不敢大胆地采取措施，大力地发展社会主义商品经济。

为了加快我国四个现代化的步伐，我们必须大力发展和完善社会主义商品经济，及时纠正和遏制经济实物化和自给自足化的倾向。经济理论的一项重要任务就是要深刻研究社会主义生产方式不发达阶段的特征，对社会主义商品生产存在的原因予以马克思主义的科学阐明，要结合我国半殖民地半封建社会商品经济不发达的具体条件，深刻阐明发展社会主义商品经济对发展我国社会主义经济建设，实现“四化”的重要作用。这样，才能进一步肃清“四人帮”散布的“恐商”极“左”思潮，并为当前国民经济的调整与改革指明方向。

2. 发展和完善社会主义商品经济，必须充分利用社会主义市场的积极作用

在当前发展和完善社会主义商品经济中，最关键的是要充分发挥和利用社会主义市场的积极作用。这就要求我们以马克思主义为指导，对社会主义市场的性质、范围、结构、机制、规律和作用等问题进行深入的研究与探索。

就马克思主义政治经济学理论（社会主义部分）来说，其对社会主义市场的研究还十分薄弱，基本上是生产理论加上分配理论，而缺乏市场理论。这种情况表明，对不发达社会主义的生产关系还未做出完整的科学概括。例如斯大林在《苏联社会主义经济问题》一书中，对政治经济学的对象下定义时，就没有明确地将交换关系规定为生产关系的一个方面。斯大林实际上主张限制社会主义商品流通的范围，否认价值规律对生产有调节作用，低估了商品流通对生产的作用。斯大林的这些观点反映了苏联社会主义经济理论界不重视社会主义商品关系的产品经济论思潮。这种思潮也贯穿在我国20世纪50年代以来的社会主义政治经济学教科书中。在这种思潮下，人们混淆了社会主义市场与资本主义市场的

原则区别，存在着“市场就是资本主义的东西”等种种糊涂观念。理论上的模糊引起政策上的失误。斯大林的这些论点与苏联国民经济计划管理中对市场运用不够是密不可分的。在苏联的国民经济计划管理体制中，用生产资料统一分配代替商品交换，实际上取消了生产资料市场，更谈不上利用市场的作用。在消费品生产中，商业部门的统购包销制度，割断了生产与市场的联系，很大程度上取消了市场对生产的作用。这种情况，也存在于我国传统的国民经济管理体制中。

只重视生产而轻视交换的观点是社会主义政治经济学研究中形而上学的表现。马克思在论述生产关系时，明确地将它作为生产、分配、交换、消费诸关系的统一。①马克思在论述生产的决定作用的同时又指出交换对生产的反作用，特别是在研究商品经济时，更是重视分析生产与市场的相互作用。马克思和恩格斯将政治经济学资本主义部分的研究对象规定为“资本主义的生产方式以及和它相适应的生产关系和交换关系。”②他们在研究资本主义生产方式时，就对市场流通进行了全面、细致的分析。《资本论》第二卷就是专门分析资本流通过程的，《资本论》第三卷中关于剩余价值分配的研究，也是紧密结合市场状况来展开的。经典作家在研究资本主义生产方式时，十分重视交换关系，这当然是着眼于资本主义商品经济的固有特征，却也抓住了商品经济一般的特点，因而这对于社会主义商品经济的研究也是有指导意

① 马克思、恩格斯：《马克思恩格斯选集》（第二卷），人民出版社，1972年，第102页。

② 马克思、恩格斯：《马克思恩格斯全集》第二十三卷，人民出版社，1972年，第8页。

义的。

在社会主义经济中，市场是客观存在的。市场是商品交换关系的总和。它是商品生产的产物，是商品经济的必要组成部分和不可缺少的内容。列宁说："哪里有社会分工和商品生产，哪里就有'市场'。"[①]既然社会主义经济的广泛领域（包括全民所有制经济）存在商品性生产，因而就存在着广泛的社会主义市场。社会主义市场是以公有制为基础的社会主义商品交换关系的总和，它体现了社会分工不同的社会主义生产者（全民所有制企业以及集体所有制企业）之间的劳动交换，体现了摆脱了剥削的劳动者之间的社会主义互助与合作关系，与资本主义市场有原则性的区别。这种崭新的社会主义市场不会产生资本主义与资产阶级。社会主义市场的鲜明特征，首先是它的计划性，它是从属于国家计划调节的商品流通场所。社会主义国民经济有计划发展的规律决定了商品总供给与总需求，一些关键性商品的供销关系与价格，都要服从国家计划的指导与调节。它与资本主义市场流通的纯粹自发性质，以及价格的完全自由涨跌、大起大落的剧烈波动等情况，是根本不同的。社会主义市场商品流通也具有充分的机动灵活性，对商品流通的计划调节必须采取正确的方法，不能把市场管"死"。这就要求国家对市场的计划管理，必须立足于商品交换所固有的"同一价值规律"[②]的作用基础之上。社会主义市场上数十万种品类纷繁的商品的流通，要依靠国家通过价格政策，自觉运用价值规律的调

① 列宁：《列宁全集》第一卷，人民出版社，1955年，第83页。

② 斯大林：《苏联社会主义经济问题》，人民出版社，1971年，第17页。

节作用，才能保证社会主义市场的计划性与机动灵活性的结合。

为了进一步完善社会主义市场，畅通流通渠道，做到对市场管而不死，活而不乱，必须：①社会主义国家要给企业以进行购销活动的自主权力，使企业的购销活动，除了服从国家计划指导以外，还可以在一定范围内根据市场商品供求与价格的状况自行购销，要容许供货单位与需货单位直接见面，自行订立合同。这样就可以克服与避免供销完全听凭下达计划所出现的货不对路、产销脱节的状况，做到货畅其流。②国家要给企业以一定的进行议价的自主权力，要根据社会主义建设各个时期的具体条件与政治经济任务，根据不同产品的性质与供求的状况，除了一部分重要商品实行计划固定价格而外，可对其他的商品实行价格浮动，使价格可以适应供求的状况，在一定幅度内有所机动。这样就可以避免实行固定价格时，由于价格机制不灵活，优质不优价，劣质不劣价，稀缺或滞销不及时调价所带来的一方积压，而另一方脱销的状况。充分发挥和利用价值规律对流通的调节作用，既能及时克服和缓和某些商品的供不应求，又能使过时与滞销的商品得到及时的处理，从而能更完善地实现市场商品供求的平衡。

商品生产与市场，是互相促进的。商品生产决定市场流通，但市场也不是消极的，它积极反作用于商品生产，促进社会分工的扩大与商品生产的发展。人类社会各个经济形态存在着性质、范围、作用各不相同的市场。这些市场曾经在不同程度上起了促进社会分工和生产发展的作用。在社会主义制度下，市场流通仍然是社会主义再生产的必要环节和积极反作用于生产的经济杠杆。社会主义市场的完善，必然会有力地促进社会主义生产的发展。①包罗了各种各样商品的发达的市场流通，从价值方面来说，它保证了企业生产出来的产品价值能够顺利地实现，并且通过市场机制使那些产品对路、经营好、质量高的企业得到合理的物质利益，而使那些产品不对路、质量低的企业蒙受一定的经济损失。这样，市场就成为使企业从物质利益上关心生产的经济杠杆，从而对生产起着指导、鼓励和限制作用，促进企业生产出越来越多价廉物美、丰富多彩的商品，促进生产与社会需要的一致。②完善的市场商品流通使企业能够可靠地和机动灵活地取得各种必要的生产资料，保证简单再生产和扩大再生产的顺利实现，避免市场流通不发达、不畅通和市场机制不灵活而必然出现的大量物资成为库存的浪费现象，使社会拥有的生产资料能够最大限度地用于生产和产生最大的经济效果。③社会主义市场在充分利用价值规律的情况下（通过保证计划价格适应价值变动而经常调整以及通过浮动价格下的市场价格机制）使那些具有平均技术条件与经营水平，在产品中花费了社会平均必要劳动的企业，以收抵支并取得一般利润；那些具有更高的技术条件与经营水平，在产品中个别劳动耗费低于社会平均必要劳动的企业，就能获得更多利润；而那些技术条件与经营水平落后，个别劳动耗费高于社会平均劳动的企业，就得不到一般利润，甚至产生亏损。这样，就会迫使和推动企业为了降低成本而不断进行技术革命和技术革新，改进经营管理，挖掘内部潜力，不断地提高劳动生产率，从而有力地推动社会主义生产的发展。

归结起来，在社会主义经济中，市场对生产起着积极促进作用。为了使社会主义经济建设多快好省地发展，必须根据客观规律的要求来调整各个领域中社会主义商品交换关系，使社会主义市场不断发展和完善，充分发挥市场对生产的促进作用。如果说生产与市场存在不可克服的矛盾的资本主义生产方式，曾经依靠市场作用，使社会生产力摆脱了自然经济的束缚而突飞猛进地发展，那么在生产与市场间不存在对抗性矛盾的优越的社会主义制度下，人们就应该自觉地运用社会主义市场来促使社会主义扩大再生产更加顺利和迅猛地发展。当然，社会主义市场客观存在的价值规律的作用也存在消极的方面，并往往会引起生产的自发性。但是，只要人们深刻地研究与通晓社会主义市场的规律，特别是确立科学的计划管理体制与方法，保证在经济工作中尽可能地做到熟练地掌握、驾驭与运用价值规律，人们就完全可以趋利避害，化消极为积极，使市场充分有效地为发展社会主义生产服务。

3. 结语

当前，有必要对社会主义经济的商品性在理论上予以深入的阐明，对将社会主义生产方式看作自然经济的错误观点进一步澄清，特别是要克服“恐商症”。“恐商症”在我国社会主义建设中曾经长期存在，这完全不是偶然的，而是有深刻的历史的、社会的和阶级的根源。“恐商症”的特征是没划清社会主义商品经济与资本主义商品经济的界限，见到商品经济就发愁，即使是社会主义商品经济也忧心忡忡，更谈不上理直气壮地发展社会主义商品经济，而对于自给自足的自然经济却十分欣赏，即使它引起经济发展停滞不前也仍然墨守成规，安之若素。这种意识上的顽疾是我国这种由半殖民地半封建社会走上社会主义道路的国家，从旧社会遗留下来的经济上、思想上的残余的必然表现。

历史经验表明，原先经济落后，小资产阶级占绝大比重的国家在走上社会主义道路后，要十分注意克服旧社会遗留下来的封建主义和小生产者的自然经济思想与习惯势力，要与排斥社会主义商品经济的小资产阶级平均主义思潮做斗争，特别要警惕类似以极“左”的面貌煽起“恐商”思潮，以此来破坏社会主义经济建设。

论中国的社会主义产权改革①

1. 有序地推进经济领域主体财产权的构建，使微观生产单位成为市场主体

市场经济的经济体制结构包括市场主体结构、市场体系结构、宏观调控结构。构建社会主义市场经济体制，要从构建市场主体结构着手，为此要进行市场主体财产权构建。

主体财产权构建，主要指的是赋予参与市场生产与交换的企业、农民家庭、从业人员（包括自由职业者）应有的和法定的独立支配使用生产要素和资产的财产权，并使其享有产益，成为拥有权、利、责的经济实体和市场主体。

我国传统经济体制下表现在企业层面上的根本问题是：

① 刘诗白：《论中国的社会主义产权改革》，《经济学动态》2009年第7期。

政府把资产所有权、经营权、收益权、处置权集于一身，即实行“大一统”的国有制，作为生产活动的直接组织者的企业则没有应有的对资产的支配权和收益占有权，由此成为行政附属物和按指令办事的车间。没有对生产要素与资产的支配权，企业不能自行掌握人、财、物、产、供、销，也就不可能有生产自主性。特别是没有收益占有权，企业丧失了经济利益激励，就不可能调动职工的积极性。同时，收益占有权的丧失，也意味着企业不能进行资金自我积累，也就不可能形成自我发展，而没有自身的财产权，不享有产益，自然地企业也不为它的生产活动承担责任。

一个没有自身的财产权、不享有产益，也不为自身活动承担经济责任的微观生产组织，不可能发挥出有效聚合生产要素，组织好生产活动和安排好生产成果分配的功能，更不可能形成对市场做出灵敏迅速反应并“围绕着市场团团转”的企业行为。我国传统体制下国有企业在生产上之所以表现出照章办事、消极被动、活力缺乏、效率低下，正如人们所说的，成为由政府拨动的算盘珠子，其根本的和深层的原因是这种国家拥有全权而企业“无权”的产权制度。上述情况也表明，我国的国有企业改革，必须走构建企业主体财产权之路，更确切地说，走一条赋予和构建企业财产权，使企业成为真正的市场主体之路。

中国30年的经济体制改革，可以说是围绕“搞活”直接组织生产的微观组织（包括企业、家庭、个人）来开展的。经济体制改革的序幕始于1978年的农村。农村家庭承包制，实行“保证上缴国家的，留够集体的，其余都是自己的”体制，实质上是实行土地的所有权和经营权相分离，在土地集体所有制不变条件下，将经营权赋予承包农户，这也就是构建农户主体土地财产权。我国国有企业的改革，经过了“扩权让利”“经营、承包”“两步利改税”等表层性改革阶段，而进入深层次，即公司制改组，这一被称为“转换企业机制”改革的内容就是实行所有权与经营权两权分离，在国有制不变的条件下，把充分的经营权赋予企业，从而保证企业主体财产权的构建。此外，20世纪80年代初以来的城乡改革，包括集体企业从大集体中放开，乡镇企业的产生以及个体、私营企业的发展等，也是劳动者、私有业主和集体等不同性质主体财产权构建的具体形式。可见，从微观生产组织财产权的角度进行考察，我国30年经济体制改革过程中贯穿着微观单位主体财产权构建的脉络。

如果把考察的视野放宽，我们还将看到近年来逐步获得实施和硬化的知识产权以及允许科技劳动入股，赋予和保障了科技人员的财产权；实行住房商品化后居民拥有了房产权以及土地使用权和从事住房抵押、租赁、出售等权利，特别是物权法实施赋予和保障了居民生活中广泛的个人财产权。可见，我国体制改革和创新，还为广大人民群众带来了可以看得见摸得着的丰富而多彩的主体财产权。上述情况更加表明我国经济体制改革在微观层面上带有的主体财产权构建的性质。

2. 找到了社会主义制度下构建公有主体财产权的道路

中国产权制度改革中取得的最重大成就是：找到了在公

有制基础上构建微观组织主体财产权的形式和方法。

我国社会主义经济以公有制为主体、国有制经济为主导，这就要求国有企业的产权制度改革，既要使企业成为拥有充分的财产权的市场主体，同时又要保障企业的国有制性质。实践证明，中国通过积极、勇敢的改革实践探索和理论创新，确定了把股份制作为国有企业改革的主要方向，立足于我国实际和发展公有制的要求来进行国有企业的股份制改造，找到了一条通过股份制来构建企业产权主体，同时又保持企业国有制性质不变的正确的企业产权改革之路。

国有企业的改革肇始于1979年的成渝两地，20世纪80年代以来在实践探索中逐步向前发展，大体上经历了三个阶段：①扩权让利；②经营承包，两步利改税；③转换企业机制，也就是进行企业的公司化改组。第一、二阶段是国家与企业在管理方式、分配关系上的局部调整，属于表层的改革。在实行租赁、承包制等场合，企业独立经营应有的财产权、产益未能到位，企业对做好生产应承担的责任也不可能确立，不仅企业未能真正活起来，还出现了大量企业短期行为，如在生产中拼设备；营销中搞“一锤子买卖”，损害消费者利益；在收益分配中多留少交，损害国家利益，等等。从根本治理上述企业短期行为，促使人们把企业改革推进到深层，这就是20世纪80年代中期以来不少地方国有企业进行以建立现代企业制度为目标的股份制改革的原因和客观依据。我国国有企业改革发展进程表明，进行产权制度改革，是社会主义市场经济改革向深层发展的固有的要求和不可回避的事。正如人们说：改革深入动产权。

股份公司是一种进行资本联合的企业组织形式。股份公司的所有者作为出资人的股东，所有者的财产权不再表现为所有权、支配使用权、收益权、处置权一体化的“全权”结构，而是由所有者行使选择和监督经营者的权利以及收益权、重大处置权，将资产的实际支配使用权、收益分享权、部分处置权——我们称之为广义“经营权”，以法人财产权形式赋予企业。股份制是一种所有权与经营权充分分离的复杂的现代企业产权结构。作为一种企业组织形式和企业行使财产权的方式，它本身不存在固定的所有制属性，因而，人们也就能将它作为一种有效组织微观生产单位的方法和工具，使其为发展社会主义市场经济服务。

股份制企业拥有保证企业独立自主经营必要的和充分的资产实际支配权、收益分享权、必要处置权的复合权利结构，或权利束，人们称之为法人财产权，在经济学范畴上应称之为现代企业经营财产权。拥有法人财产权的企业，是承担民事责任的法人单位。经过公司制改组的国有企业不仅仅构建了自身的独立的财产权，而且拥有明晰的和硬化的法定财产权，企业真正成了财产权主体和独立营运的市场主体。此外，企业获得收益分享权和产益，意味着生产有了充分的经济利益激励，也有了进行企业积累和自我发展的内在源泉。此外，作为财产权主体的自负盈亏的机制，以及作为法人的承担更多法定社会责任的机制，企业有了多种行为约束。上述明晰而充分的财产权利、产益、产责的结构形成，完成了国有企业的市场主体的塑造。与此同时，第一，在法权上企业的所有者仍然是国家，国家通过有关机构——如国资委——承担和履行出资人职责，不仅履行选择经营者的权力，而且制定国有资本使用和营运的重大方针和基本要求；第二，经营者行为要从属于所有者的意志和要求，它为所有者充当资产委托代理人；第三，出资人通过董事会参与公司治理结构，为使企业活动体现所有者意志提供了制度保障；第四，出资人拥有收益权，享有红利分配权，从而掌握着所有权的最核心部分。

股份制企业的公司治理，通过股东会、董事会、监事会和总经理的各司其职和职能制衡机制，实现科学决策和有效管理，使企业得以创造良好业绩，提升经济效益，而企业业绩特别是效益则是所有者核心权益之所在。可见，股份公司制产权结构，把所有权与经营权分离和强化企业经营权，不仅没有削弱所有者权益，恰恰相反，倒是更有效地实现所有者权益；而对于那些实行国家控股或单一国有股的股份公司，股份制改组，只是体现国有制企业的财产权、益、责具体结构的调整，而不是企业的公有制的性质的变化。

我国国有企业产权制度改革不搞“一刀切”，大中型企业主要实行股份制，国有中小企业则根据具体情况，分别采取租赁制、承包制、股份合作制等形式，或是出售给私人。特别是我国将推进国有企业改革与进行国有经济布局结构的调整相结合，按照社会主义初级阶段基本经济制度的性质和多种经济成分并行发展的要求，以及按照产品性质——充分竞争性产品、公共产品、社会产品——选择主体财产权形式规律的要求，实行了国有资本从一些不具有竞争优势的领域退出，和向关系国计民生的行业、领域集中，以及向带有公益性的生产领域——如战略性大生产、环保、科技基础设施——倾斜。其结果是：一方面通过结构调整，使企业做大做强，提升了国有企业的活力、竞争力和影响力；另一方面，它又带来在广阔的产业领域内对社会资本的“放开”和“准入”，促进了立足于多种经济成分的众多微观生产主体的出现和发展。可见，实行国有企业改革与国有经济布局调整相结合，不仅更有效地实现了国有企业主体财产权的构建，而且带来了所有制结构的调整，实现了公有制为主体和多种所有制经济共同发展。在公有主体和私有主体并存基础上，促使主体财产权结构的更加多样化，出现了个体、合伙、私营、租佃、承包、合作制、股份制等多种主体财产权形式，意味着人民群众进行自主创业和社会资本进行自主组合的广阔门路得到开启及多种性质市场主体参与竞争的活跃的市场经济格局与势态的形成。

国有企业的产权改革，既要进行使企业成为市场主体所必要的财产权的调整，又要细心维护企业的社会主义所有制性质，因此这项改革难度高且充满风险，产权改革也因此长期困难重重，这项深层改革也因此裹足不前。而1989年后苏东休克式“私有化”改革，更造成了社会主义制度解体。但中国却通过自身敢闯敢干和稳健慎重的实践，走出了一条在公有制基础上进行市场经济改革的微观产权主体构建的成功之路，由此解决了使市场经济与公有制相兼容的“制度转型的难题”，使我国国有企业改革闯过了“产权关”，而且更重要的是，把构建主体产权立足于公有制基础之上，应该说，这是中国改革实践中意义最重大、影响最深远的成就。

社会主义产权制度改革，无疑是一项史无前例的新事物，没有成功的经验可以遵循，由于经验不足，以及理论认识准备不足，在“摸着石头过河”的实践中不可能没有缺陷，总会有这样或那样的失误。如像一些地方在股份制改组中出现过“化公为私”和国有资产流失、权钱交易、“官商勾结”等现象。但是，这些改革负效应，并非纯然是由产权改革本身引起，更主要是企业改革所需要的各种配套改革未跟上，特别是政府职能转换和民主政治改革的滞后，以及改革的具体操作不当，更增大了改革顺利推进的困难。尽管有上述问题，但我国产权改革把握了正确的大方向，国有企业产权改革不仅没有改变企业资产的国有制性质，而且使国有企业不断做大做强和国有经济实力持续增强。据有关材料表明，1997年全国国有企业25.4万户，到2007年减少到11.5万户，但国有企业资产总额由1997年的13.9万亿元，增至2007年的35.5万亿元。1998—2007年全国国有亏损企业由163562户减少到2882户，2006年全国国有企业实现利润达1.2万亿元，较之1997年增长了14倍。我国国有大中型企业实现了进一步做大做强，表明国有企业产权改革是一场取得巨大成功的实践。

3. 意义重大的社会主义产权理论创新

中国的微观组织产权制度改革的开展和推进，体现了理论与实践的互动。一方面，共产党自始至终坚持以马克思主义基本理论和邓小平理论为指导，为各类微观组织主体进行适应于市场的产权制度的构建指出了正确方向。另一方面，开展和支持基层和企业进行产权改革的实践探索，及时总结实践经验，特别是开展和推动产权的理论研究和学术讨论，集中了理论家的智慧，由此形成了有关财产权的正确理论和进行产权改革的正确政策、措施。30年的产权制度改革结出了丰硕的理论成果，带来和实现了社会主义产权理论的大发展和大创新，可以大体归结为以下七点。

（1）基于社会主义经济立足于公有制的马克思主义理论和邓小平关于社会主义市场经济的理论阐述，基于发展公有制经济在解放和发展生产力与保证社会公正的要求，中国自始至终将国有企业公有产权主体的构建作为进行国有企业产权改革的目标，坚持在国家所有权不变基础上赋予企业产权改革的方向。提出和阐述了国有制不变前提下构建现代企业产权制度和塑造公有市场主体的新理论，这一理论成为中国社会主义产权理论的核心和基石，成为中国进行国有企业产权改革的指南。

（2）结合社会主义市场经济中财产权的实际，深化了对物的所有权、支配使用权、收益权、处置权等理论范畴的认识，明确了产权（property rights）一词的含义是各类主体对物质资料和其他要素支配、使用、受益的具体形式。而所有权（ownership）一词的含义则是指上述主体财产权具体形式中体现的社会占有关系，是财产权的基本制度。也就是说，财产权是所有制的实现形式和“载体”。上述基本理论范畴含义澄清了那种将财产权等同于所有制的模糊认识，也从根本上解除了将国有企业产权改革等同于实行所有制变革和“私有化”的疑虑。

（3）把马克思的财产权理论应用于社会主义市场经济的新实际，阐述和形成了社会主义公有制企业经营权与所有权相分离的原理，突破与摆脱了企业中将所有权、支配权、利得权、处置权合一的传统“大一统”国有财产权理论，为进行深度放权于企业的市场化产权改革提供了理论依据。

（4）基于社会主义市场经济的实际，进一步阐明了国有企业应成为拥有充分的、明晰的产权的法人实体和市场竞争主体的经济学原理与社会主义企业理论，阐明了企业应进行自主经营，自负盈亏，政府不直接干预微观活动，彻底突破和摆脱了政企不分，政府对企业活动大包大揽的传统企业理论，由此指出了一条把企业产权主体构建和政府职能转换相结合的深化改革的途径。

（5）明确了个体、合伙、承包、租佃、公司制，包括股份公司等主体财产权形式是市场经济中主体财产权的一般形式，而不是资本主义制度的特有形式，人们可以利用这些具体的主体财产权形式为构建社会主义市场经济的微观主体服务。

（6）把国家控股的股权多元化的公司企业作为构建公有主体财产权的主要形式，找到了使企业主体财产权构建立足于国有制基础之上的产权改革的具体道路。特别是党的十五大使用的公有制实现形式的范畴和做出的有关公有制有多种实现形式的论题，使人们获得了正确认识微观单位（及个人）财产权性质的方法，为开展各种各样的公有主体财产权构建，扫除了思想认识障碍。

（7）基于社会主义基本经济制度和社会主义初级阶段多种经济成分并存和共同发展的理论，明确了社会主义市场经济条件下要进行多种性质和众多具体形式的主体财产权的构建，除了多类别的公有制主体财产权外，还包括非公有制的多类主体财产权以及个人财产权。由此明确了多种性质不同的财产主体和市场主体的形成，是当前我国产权制度构建的重要任务。

有关财产权的上述七个方面的理论创新涉及社会主义条件下产权制度改革的目标和主要任务、性质、中心环节、改革的方法及途径等。上述问题是我国开展产权改革面对的最重大的理论问题。中国共产党对上述重大问题，予以了马克思主义的理论阐明。上述有关理论，可以说，形成了中国社会主义产权理论基础。

4. 推进和做好新时期的产权制度改革，为进一步发展和完善市场主体结构夯实制度基础

当前我国进入了发展和全面改革的新时期，党中央提出了科学发展，以人为本和建设社会主义和谐社会的新理念，党的十七大制定了新时期建设全面小康社会和推进经济、社会、政治、文化改革的方针、政策。发展是硬道理，改革是发展的动力。构建社会主义市场经济的经济改革，仍是改革的核心，而进一步深化和发展产权制度改革，仍是经济体制改革中的重头戏。在新时期，为了构建更加完整和完善的社会主义市场体制，我们应该按照党中央的要求，继续推进和进一步做好新一轮的产权制度改革和主体财产权的构建。

（1）深化和全面推进国有企业产权制度改革

我国国有企业已经实行了公司制改造，但是要真正确

立现代产权制度，并使之立足于我国国情，还面临着许多挑战。特别要解决好许多企业中存在的“所有者虚置”和“经营者越位”问题，以及近来又有所抬头的政府干预现象。在当前，要进一步深化国有企业产权制度的改革，搞好和完善法人治理结构，切实落实法人财产权；同时，要大力推进政府的职能转换，切实做好“政企分开”，使企业真正成为独立的产权主体和生气勃勃的市场主体，同时坚持维护企业的国有制性质。

（2）推进全面的主体产权构建

进一步的经济市场化是新时期的特征。适应于经济更广泛领域市场化发展的要求，要推进微观单位（以及个人）主体产权的构建。如当前社会资本不断深入农村，多种多样的新合作制、新股份制、新集体等经济组织形式不断涌现，这就要求理顺产权关系，构建稳定的产权制度，使这些农村经济组织进一步成为拥有凝聚力和内在活力的市场主体；适应于以企业为主体和动员广大科技人员进行科技创新，要大力落实知识产权法，使新技术、新发明创造者成为能切实享有权益的产权主体；适应于当前文化产业的发展，要大力推进文化体制改革，通过公司制改组和产权制度构建，创造出适应市场进行文化生产的、充满活力的市场主体；还要认真完善文化、知识产权制度，切实维护独立文化工作者——音乐作曲人，歌词、剧本写作人等——以及网络文化创作者的知识产权，由此激励群众性的独立文化生产；适应于社会建设和改革的要求，当前多种多样地提供公益性产品和社会服务的微观单位正在涌现，按照公共产品提供最大化和成本最小化的原则与单位的具体情况，做好产权制度构建就十分必要；适应于资源节约、环境保护和节能减排的要求，做好自然资源使用中的产权制度安排，也是当前须做好的新工作。

（3）统筹城乡的大政，启动我国第二轮农村改革

土地是农村最重要的生产资源，在市场体制下实行和做好土地经营权的流转，能够在使用价值形态上将零散的“小农地”转变为规模化经营的“大农场”，同时能够在价值形式上将不具有价值的“自然土地”转变为拥有交换价值和能提供级差收益的经济资源，从而有力促进规模化、集约化的现代农业和多样化农村商品经营的发展，增强农村内在积累能力，加快农村公共（居民点、村、镇）建设和社会事业的发展，特别是它将为我国农民开拓一项财产性收入。因而，按照农村土地集体所有制的性质和根据各地具体情况及农村发展的要求，通过对土地产权流转的全盘科学设计，做好产权流转主体的明晰、主体土地产权的界定以及土地流转市场的构建、土地流转原则的制定，形成农民自主、政府规制的有序的产权流转，已成为当前农村产权改革的重中之重。

（4）进行规范化的主体产权制度的建设

新时期的企业、个人以及事业单位的财产权的构建，要着眼于规范化。当前需要进一步确立市场经济中规范化的微观单位（企业以及个人）产权制度，构建和完善有关财产权法律，确立法制界定的主体财产权权限，规制主体行使财产权的行为，建立起对主体的财产权扩张活动的多方面制度约束，由此来保证立足于主体财产权的市场经济运行的有序和社会生活的有序。

（5）不断完善主体财产权结构，发展和完善社会主义生产关系

可以通过各类公有主体产权结构的完善，来实现公有制的发展和完善。如在国有企业中通过股份制的完善，实行国家控股的多元化股权结构，发展职工持股，特别是做好包括经理人、职工在内的收入分配，纠正少数企业经理人索取不合理高薪的现象，使改制后的企业更加体现公有制性质。立足于股份制产权制度的混合所有制，是我国发展社会主义公有制的重要载体，完善股份制产权结构，通过对多种行业的众多的股份制企业——包括私人控股企业——渗入国家股，发展混合所有制，可以使这些企业体现公有制属性，实现公有资本与私有资本的“对接”和“共融”。

可见，借助企业主体产权结构的完善，特别是通过股权多元化的主体产权结构的完善，通过企业内公有股的渗入，国有股权、劳动股权的增强，特别是通过企业内的“产益”的分配，即国民收入初次分配的调整和国家对企业上缴税利（总体的“企业产益”的调整，即国民收入再分配），这样就能实现企业范围内的和国民经济整体范围内的收益分配关系的调整。这种现实的分配关系的调整，由于更充分体现劳动者权益，实际上体现了社会主义生产关系的发展和社会公有制的完善。在社会主义条件下，通过微观组织主体财产权的完善来推进公有制完善和发展有着很大的空间。

我国正在开展中的产权制度——企业、科技、文化以及农村土地产权制度——的改革，一方面，旨在使众多微观单位成为市场主体以增强经济活力；另一方面，我国经济改革

的目标是建立社会主义市场经济体制，我国国有经济以及农村经济中市场主体财产权的构建，都立足于公有制之上。因此，产权改革要体现所有制的要求，而不能采取财产权“一放了之”的方法，而更重要的是要做好各种权、益、责在不同当事人中的配置和组合，特别是在当前农村土地流转中，要切实做好强化“农民私人产权”和维护好“集体公有产权”的结合。我国产权改革面临着许多难关。因而，顺利推进我国新时期产权改革，既要靠大胆而稳健的实践探索，更要深化对社会主义产权的理论研究。

二 专著与文集

1. 《原子能利用上的两条路线》（重庆人民出版社，1957年）

2. 《帝国主义殖民体系及其危机》（上海人民出版社，1957年）

3. 《社会主义商品生产若干问题研究》（四川人民出版社，1983年）

4. 《社会主义所有制研究》（上海人民出版社，1985年）

5. 《社会主义经济理论探索》（西南财经大学出版社，1987年）

6. 《论社会主义所有制》（陕西人民出版社，1988年）

7. 《社会主义经济理论新探》（四川人民出版社，

1988年）

8.《产权新论》（西南财经大学出版社，1993年）

9.《论体制创新》（西南财经大学出版社，1995年）

10.《刘诗白选集》（山西经济出版社，1996年）

11.《主体产权论》（经济科学出版社，1998年）

12.《刘诗白文集》（10卷本）（西南财经大学出版社，1~8卷，1999年，9、10卷，2011年）

13.《我国转轨期经济过剩运行研究》（西南财经大学出版社，2000年）

14.《中国转型期有效需求不足及其治理研究》（主编）（中国金融出版社，2004年）

15.《现代财富论》（北京三联书店，2005年）

16.《体制转型论》（北京三联书店，2008年）

17.《刘诗白经济文选》（中国时代经济出版社，2010年）

18.《刘诗白文集》（13卷，共17册）（四川人民出版社，2018年）